世界の研究事例×100冊のベストセラー

科学的に正しい読書術

公認会計士
金川顕教

SOGO HOREI PUBLISHING CO., LTD

prologue

はじめに

読書によって、人生は大きく変わります。

そのことを知ってほしくて、私はこの本を執筆することにしました。少し長くなりますが、その思いについて、お話しておきたいと思います。

私が、本の紹介をするＹｏｕＴｕｂｅチャンネル『ＹｏｕＴｕｂｅ図書館』を開設してから、３年がたちます。毎日１冊の本について、自分が面白いと感じた点を要約してお伝えするというスタイルで、これまでに約１６００冊の本を紹介してきました。

この『ＹｏｕＴｕｂｅ図書館』のために、私は毎日１冊の本を読み続けています。

健康、お金、ビジネススキル、自己啓発に関する本など、個々人が抱えている課題を直接的に解決してくれるジャンルを中心に、今まで読んできた本は１万冊以上。

「読書家」を自負していいレベルだと思いますが、この読書を通じて、私は『ＹｏｕＴｕ

be図書館』の視聴者に本の素晴らしさを伝えるだけではなく、自分自身も大きな学びを得てきました。

本を読んで学ぶことで、人間は成長します。そしてその成長は社会的な評価の向上や年収アップなど、具体的な成果につながります。

事実、ビル・ゲイツやユニクロの柳井正さんなど、世界に名だたる経営者は、例外なく膨大な量の本を読んでいる読書家です。読書によってスキルと知見を高めているからこそ、強力にビジネスを推し進めることができるのです。

本の価格は、わずか1000円、せいぜい高くても2000円くらいですが、秘めているパワーは無限大なのです。

ただ、そのパワーを生かせるかどうかは、読者にかかっています。

また、いくら本を読んでも、その読書法が適切でなければ、成果は形になりません。

そこで、本を読んでいる人はもちろん、まだ読書習慣のない人にも、読書によって最高の学びが得られる読書法を伝えたいと思い、執筆したのが本書です。

本書では、私が今まで読んできた約100冊の読書法の本に書かれていることの中から、特に科学的なエビデンスがあり効果的だと思えるもの、面白いと思ったものを厳選しました。さらに私なりのアレンジを加えた読書法と、私のオリジナル読書法を合わせ、計50のノウハウを紹介しています。名だたる読書家たちの知恵、ノウハウが集約された1冊と言っても過言ではないと思います。

*

読書とは、ただ本を読む行為だけを指すのではありません。

読むべき本を選び、読書に集中しやすい環境を見つけ、本を読んで自分に必要なことを学び、学んだことを人に伝え、そして自分の行動を変えていく。

これらのプロセスを称して、読書と言うのだと私は思っています。

本書を読むことで、このすべてのプロセスについて、より多くの成果を上げるための方法を知ることができます。

なお、50の項目は、一部連続して読んでほしい項目はあるものの、それを除けば、どこから読んでいただいても構いません。「本の内容をきちんと覚えられるようにしたい」「本を速く読めるようになりたい」など、知りたい読書法は、人それぞれだからです。

自分が関心のある分野以外でも、50項目全部読むことで新たな気づきを得られますが、時間がない場合には必要なところだけを読んでください。とにかくまずは、読み始めることが重要です。

ちなみに、「科学的」と冠している本書。特に、科学研究などに基づいた読書法を紹介しているのは、「読書の技術」「アウトプットの技術」「習慣化の技術」「集中の技術」の章です。ぜひ、読み始める項目の参考にしてください。

今、本書を手に取っているあなたも、ぜひ読書家の仲間になり、人生を大きく変えていってください。

公認会計士・税理士　金川顕教

contents

目次

第3章 読書の技術

contents

第4章 アウトプットの技術

第5章 習慣化の技術

contents

第6章 集中の技術

編集協力／滝口雅志（株式会社 POWER NEWS）
装丁／萩原弦一郎（合同会社 256）
本文デザイン／別府拓（Q.design）
校正／池田研一
DTP・図表／横内俊彦

第1章

目的明確化の技術

01 なぜ「読書」をするのか

インターネット上に、ありとあらゆる情報があふれている現代。知りたいことは、スマートフォンやPCですぐに調べられます。

そのような便利な時代であるにもかかわらず、なぜ私たちは〝本〟を読む必要があるのでしょうか。

それは一言で言えば、「必要な情報・知識を断片ではなく、**体系立てて学ぶことができるから**」です。もちろん、情報によっては断片的なもので十分な場合もあります。電子機器の操作マニュアルなどはその典型でしょう。スマホの調子が悪いときには、ネットですぐに対処法を見つけられれば十分。それ以上の体系立った情報は不要です。興味がある人ならば、そもそものスマホの仕組みなどを調べて、故障の原因を探ってみようとするかもしれませんが、普通はそのようなことはしないでしょう。

しかし、私たちの毎日は、そのような単純なことだけでできているわけではありません。例えば、近々、必ず成功させたいプレゼンを控えているような場合、皆さんならどうするでしょうか。

ビジネスパーソン向けのお役立ちサイトなら、おそらく「プレゼン成功術」に関するページはあるでしょう。そこには「見やすい資料を用意する」「話し方に抑揚をつける」など、事細かな情報がこれでもかというくらいに掲載されていると思います。しかし、果たしてそれを読んで「よし、これでプレゼンを成功させられる！」と思えるでしょうか。実際のところ、なかなか、そう感じることはできないと思います。

特に、プレゼン初心者の場合、こうした細かなノウハウをいくら覚えても、「成功するプレゼン」を具体的にはイメージできないでしょう。

なぜなら、一つひとつの情報は有用なものだとしても、成功するプレゼンについて体系立てて説明されていないので、なぜその情報のようにすることがいいのか、あるいは必要なのか、いまひとつつかみきれないからです。木の葉や枝をいくら集めても、1本の木を思い浮かべられないのと同じことです。

本なら「全体像」がつかめる

では、「プレゼン成功術」が本になっていたらどうでしょう?

おそらく、成功するプレゼンとはどのようなものか、その全体像を提示して、そのうえで具体的なノウハウを提示していくという流れになると思います。1本の木を先に見せてから、「これは木の葉。あれは枝」と教えていく方法です。

このように、本を読むことで、ネット上に散らばっているたくさんの情報の間にある〝スキマ〟を埋めることができます。

細かな情報をつなぎ合わせても「成功するプレゼン」は見えてきませんが、読書によって「成功するプレゼン」の**全体像を踏まえたうえで細かな情報を見れば、その具体的な生かし方もわかってきます。**

ネットで得た情報だけでプレゼンに臨んだ場合と、本をしっかり読み込んだうえで、ネットで得た情報も生かしながらプレゼンに臨む場合では、どちらが相手の心をつかむことができるのか。もう答えはおわかりですね。

プレゼンの話は、もちろん一例にすぎませんが、このように、私たちの困りごとや悩みは、断片的な情報では解決できないものが少なくありません。

言い換えると、難しい本質的なところまではわからなくても、体系的な理解がなければ解決できないこと——ビジネス、健康、お金など——がほとんどだということです。

自分が抱えている課題はどうしたら解決できるのか。

それには、やはり本を読むことです。

何事につけても、読書によって全体を捉えることで、いい方向に進むと私は考えています。だから、情報がネット上にあふれている今こそ、本を読むべきなのです。

02

激推し！

読書の効果を最大化する目的明確化術

本の内容を人生に役立てたくて読書をするときには、明確な目的を持つことが大切です。こう言うと「本を読むのに目的なんて必要なの？」という声が聞こえてきそうですが、何の目的もなしに読書を始めることは、あり得ないのではないでしょうか。

痩せたいからダイエットの本を読む、営業成績を上げたいからセールステクニックの本を手に取る……など、どこまで意識しているかは別として、ほとんどの場合は、「こうなりたい」「こうしたい」という目的があって読書を始めると思います。

ただ、そのような目的があって読書を始めても、最後まで読みきれなかったり、読み終わってもあまり役に立たなかったり、あるいは、せっかく本を買ってきたのに全然読まずに、いわゆる積読《つんどく》状態になってしまったということは、多くの人に、身に覚えがあるのではないでしょうか。

それは、読書を始めるときの目的が明確になっていないからです。

あるいは、読書の目的があったとしても、なんとなく痩せたい、セールスがうまくなりたいという、ぼんやりとしたイメージにしかなっていないからです。その結果「読んでみたけれど、思ってたのと違う」と、そもそもの本選びから間違えてしまい、本の代金と読書に費やした時間がムダになる、ということになるのです。

例えて言うなら、漠然と肉料理を食べたいと思ってレストランに入ったら分厚いステーキを出され、そこで初めて「自分が食べたいのはこれじゃない。すき焼きだった」と気づくようなものです。

そうならないために、本を読み始める前だけでなく、**本を買うときから読書の目的を明確にしておくべき**なのです。

読書の目的を明確にする3ステップ

「そう言われても、読書の目的なんて考えたことがなかった」という人がほとんどではないかと思います。

そこで、読書の目的を明確にする方法を3つのステップに分けて紹介します。

❶本を読んだ後、「どうなっていたいのか」をしっかりイメージする

営業成績を上げたいという場合であれば、どのようにして成績を上げようと考えているのかを、改めて自分に問い直してみてください。セールストークがうまくなりたいのか、顧客との距離感を縮めたい・信頼されるようになりたいのか、相手を説得できるロジカル思考が得意な営業マンになりたいのかなど、理想のスタイルがあると思います。

「営業成績を上げたい」という目的を達成するために、自分はどのような営業マンになりたいのかを明確にして、さらに、それを達成できた自分の姿をまぶたの裏に焼きつけてください。

❷そうなるためには「何が必要なのか」を理解する

セールストークがうまくなりたいと思うのであれば、今の自分には**何が足りないのか**を考えなければいけません。商品の魅力をきちんと伝えられていない、重要なポイントをうまく説明できていない、関心を持ってもらえるような話し方が苦手……など、いろいろな課題と、それを埋めるために必要なことがあると思います。

この「何が必要なのか」を知るステップが、読書の目的を明確にする部分でもあるので、しっかり考えてください。ここが曖昧《あいまい》だと、「読んだけど役に立たなかった」という本を量産してしまうことになりかねません。そしてここが終われば、「目的の明確化」というプロセスは終了したようなものです。

❸必要な知識や情報を得るためには「どのような本を読むべきか」を考える

②で明確になった必要な要素を埋めてくれる本を見つけ出すステップです。ここは本選びの技術でもあるのですが、目的に合致した本を選ばないと「読んだけどお金と時間の無駄遣いだった」となってしまいます。

とはいえ、なかなか自分の目的と100%合った本を見つけるのは難しいものです。そのようなときには、目的に一番近そうな本を入手して、自分に必要な部分のみ、しっかりと読むなどの工夫をしましょう。詳しくは、第2章と第3章で紹介します。

このように、今まで意識したことのない「読書の目的」をはっきりさせるだけで、読書の効果は大きく変わってきます。さっそく本選びのときに実践してみてください。

03

目的を文字にして可視化する

本を読み慣れないうちは、本を1冊読み通すのは、なかなか大変かもしれません。早く先が知りたくなるようなミステリー小説や、気軽に読めるエッセイなどであればどんどん読み進めることができるでしょう。

しかし、仕事や勉強のために読む本は、最初の数十ページまで読んだあたりでモチベーションが下がり始め、しまいにはなんとなく読まなくなってしまう。そして、最初のあたりまで読んでそのままになっている「積読本」がどんどん増え、それを見るたびに自己嫌悪に陥る……。そんな経験のある人は少なくないと思います。

これでは、せっかく本を買って読み始めても、成果が上がらないどころか「やはり、自分には本は向いていない」という間違った確信を抱きかねません。

読書の途中で飽きてきたり、何のために読んでいるのかわからなくなったりして、読書をやめてしまうことがないようにする方法があります。

その本を読み始めたときの気持ちを文字に書き、本を開いたときに常に目に入るようにしておくのです。

なぜその本を読もうと思ったのか、本から何を得ようとしていたのか、本を読んだ後、自分はどうなっていたいのかといった、読み始めたきっかけや目的を紙に書き出して、それを**しおりの代わりに使います**。

「そんなことで苦手な読書が続くのか？」と思うかもしれませんが、とても効果的な方法です。

読書に限ったことではありませんが、あなたは、「目標を立てたら紙に書いて目につくところに貼っておく」という目標達成のための技術を聞いたことはありませんか？

自分の願いや思いをふんわりと頭の中に浮かべているだけでなく、手を使って文字に書き、それを毎日目にする。それによって、どこかに散ってしまいそうな意識が改めて集中します。そして目的達成のために頭が動くようになり、その結果、行動も変わっていくのです。

読書のモチベーションが上がる〝魔法のしおり〟

読書の目的を書いたしおりを作るのも、同じことです。

その際、文字にするのは抽象的なことよりも、イメージしやすい、具体的な内容にするのがポイントです。

例えば、営業スキルを上げる本を読もうとしているとき「営業成績を上げて昇進する」といった抽象的な言葉よりも、「今四半期には新規の得意先を5件獲得して、最低でも1億円の契約を取る」というように、**道筋が見えやすい具体的な数値や言葉にした方がよい**でしょう。

「営業成績を上げて昇進する」では、より高みを目指すのか、そこそこの努力でそれなりの成果を上げれば満足なのか、判断の余地が広すぎるからです。

人は、放っておいたらラクな方に流れがちです。

そのため、ふわっとした目的では、読書がつらくなってきたとき自分に甘くなります。「この程度でいいか」となってしまい、読書が身になることはありません。
そうではなく、目指す道が明確に示されている目的を立てた方が、ブレることなく読書を続けられるのは明白でしょう。

また、本から得たいこととして「商談の途中まではスムーズだが、クロージングがなかなかうまくいかない。最後の決め手を身につけたい」など、**何をこの本から学びたいのか**といったことも書いておけば、さらにブレもなく、常に新しい気分でページを開けるはずです。

自分の目的を書いたしおりは、読書モードに頭を切り替えるための有効なツールです。「この本は少し読むのが大変そうだな」と思ったら、ぜひ「目的しおり」を作ってほしいと思います。

第1章のポイント

- 本は他のメディアよりも全体像をつかみやすく、体系立てて学べる
- 読書の目的を明確にするステップ①　本を読んだ後、「どうなっていたいのか」をしっかりイメージする
- 読書の目的を明確にするステップ②　そうなるためには「何が必要なのか」を理解する
- 読書の目的を明確にするステップ③　その必要な知識や情報を得るためには「どのような本を読むべきか」を考える
- 読み始めたときの気持ちを文字に書いて、「目的しおり」として使う
- 目的しおりのポイント①　具体的な内容を書く
- 目的しおりのポイント②　この本から何を学びたいのかを書く

第2章 選書の技術

04
「自分のための」本選び3つのポイント

私はよく、「こんな課題を解決したいのですが、参考になりそうな本を教えてください」といった相談を受けます。『YouTube図書館』を運営していることもあり、すぐに何冊かの本を紹介することはできますが、実は「こんな人にはこの本が向いている」と断言するのはなかなか難しいのです。

というのも、人は、それまでの人生で得た知識や経験、考え方のクセ、性格などが一人一人違うからです。

もちろん、それぞれの分野には、「読むべき」とされる、いわゆる「古典」や「定番」といわれる本はあります。例えば、自己啓発の本としては『7つの習慣』（スティーブン・R・コヴィー著　フランクリン・コヴィー・ジャパン訳／キングベアー出版）などは、ある程度読書をする人であれば、誰でもその名前を知っている定番中の定番です。

しかし、誰にでもおすすめできるかといえば、そうでもありません。

あまり読書の経験がない人が『7つの習慣』をすすめられて手に取ったら、まずその分厚さに驚くでしょう。おそるおそる中を読んでみても、重厚な語り口にひるんでしまうと思います。おそらく読み始めても、最後まで読み通すのは難しいのではないでしょうか。

どんなに「定番」「名作」といわれる本であっても、自分が読めない、読もうと思えない本だったとしたら、残念ながら役に立たないのです。

「第一印象」「著者」「課題解決」という視点

では、どうしたら自分に合って、なおかつ役に立つ本を見つけられるのか。そのポイントは、3つあります。

❶書店に行って、目についた本を見てみる

できれば書店に行って、目についた本を実際に手に取ってページをめくってみてください。ひたすら文字が並んでいる本、図表がメインで、その補足のように文字が並んでいる本、重要そうな部分が太字になっていたり線が引かれていたりする本など、内容もさることながら、まず、その見た目の違いに気がつくと思います。

そしてその中で、「これなら読めそうだ」と思う本を選んでください。

文字ばかりの本でも、大切なことがするすると頭に入ってくるものもあるし、その反対に一見ビジュアルがメインでわかりやすそうに思えた本でも、書かれていることが難しくてよくわからないということもあります。

このように、一度中身を見てみて、「これならいける！」と判断した本を選ぶことが大切です。

❷著者はその分野で実績があるか？

著者にとって初めての著作でもいいのですが、少なくとも、**その分野の専門家であることは必須**です。

会計の本であれば、どこかのインフルエンサーが書いた本よりも、公認会計士や税理士など実績がある人の本の方が、当然ですが「信頼のおける本」ということになります。

SNSのフォロワー数が多いというだけで本を出しているケースをよく見ます。もちろん、フォロワー数だけでなく、しっかりとしたバックボーンのある著者もたくさんいるので一概には言えません。しかし、本は著者が長い時間をかけて経験したこと、学んできたことをコンパクトにまとめたエッセンスです。

本当にその著者からしっかりしたエッセンスを学ぶことができるのか、よく確認しておきましょう。

❸その本は自分の抱えている課題を解決してくれるか？

これが一番肝心とも言えますが、どれだけ読みやすくわかりやすそうな本で、かつその分野に深い知見がある著者であっても、自分の課題解決や自己成長につながらなかったら意味がありません。

その判断をするには、少しでいいので内容を読んでみることです。

これはいけそうだなという本を見つけたら、**ざっと目次を見て、気になる項目をいくつ**

か読んでみましょう。多少わからないところがあっても問題ありません。

著者の語り口、文体、内容、全体の雰囲気が自分の課題解決につながりそうだと感じられたら、レジへ持っていけばいいのです。

実際、自分に合った本を選ぶのは、最初のうちはなかなか難しいかもしれません。

最近の大型書店には、試し読みのための椅子を用意していることもあります。気になる本があったら、遠慮することなくその場で本を読んでみてください。

05

「読書力」をつける本の選び方

本を読み続けるためには、**「読書力」**が必要です。

読書をするうえで、本を読んで理解するための「読解力」はもちろん必要ですが、本を読み慣れない人は、まず「1冊の本を読み通す力」である読書力を身につけることが先決です。

マラソンのことを考えてみてください。ほとんどランニングをしたことがないのに、いきなり42・195キロを走れる人はいません。まずは短い距離を走れるようになってから、徐々に距離を伸ばしていくのがセオリーです。

読書もそれと同じです。

いきなり分厚い、難しそうな本を読むのではなく、何冊も本を読みながら自分の読書力のレベルを上げていくことで、読みたい本をスムーズに読めるようになっていきます。

読書力をつけるためには、初めにどのような本を読めばよいかということが重要になります。ここでのポイントは3つです。

❶軽くて薄い、簡単そうに感じられる本を選ぶ
❷仕事や生活に直結する、読むメリットを感じられる本を選ぶ
❸電子書籍ではなく紙の本を選ぶ

では、これらを順番に説明していきます。

自己成長を実現できて、読み通せる本をどう見つけるか

❶軽くて薄い、簡単そうに感じられる本を選ぶ

まず手に取るべきは、「これなら読みきれそうだ」と思える本です。**新書サイズで文字が大きく、1ページに書かれている文字数が少ない本**を目安にするといいでしょう。

軽くて薄ければカバンに入れて持って歩くのも苦痛にならないので、移動中やちょっとしたスキマ時間でもどんどん読めます。こうした本を読み通すことで、「自分は本を読める、読書家になれる」という自信がついていきます。

ただし、軽くて薄い本であっても、ぱっと見で内容が難しいものは避けましょう。いくら読んでも理解できなければ、読書へのモチベーションは下がってしまいます。もし少し読んでみて難しそうだと感じたら、無理をして読み続けることはありません。途中でやめて、もっと読みやすそうな本を選び直しましょう。

❷仕事や生活に直結する、読むメリットを感じられる本を選ぶ

面白いミステリー小説などは、ハマれば夢中になって読み通すことができるかもしれません。そして、場合によっては、いつの間にかミステリーファンになって何冊も読んでいたという可能性もあるでしょう。

それはそれで、読書の習慣が身についたという点はいいことですが、自分の成長につながるかどうかはわかりません。もちろん、名作を読んで人生観が変わるということもあり

ますが、当面の目標としては、日々の仕事や生活で役立つ知識や情報を身につける方が、目に見える成長につながるでしょう。

また、小説やノンフィクションのルポなどは、途中で読むのをやめても損にはなりませんが、自分を成長させてくれる本は、読まなくては自分が損をします。この意識の差は大きいです。メリットを感じられる読書力をつけるためには、自己啓発書、ビジネス書のような、しっかりした目的を持って読める本を選びましょう。

❸電子書籍ではなく紙の本を選ぶ

最近では、紙の本と同時に電子書籍も発売になるケースが増えています。電子書籍は、インターネットにつながっていれば、読書をしながら用語や関連情報を調べられるので、非常に便利です。

しかし、私はそれでも紙の本をおすすめします。その理由は、電子書籍の場合、「本を読んでいる実感」を得づらいと思っているからです。紙の本の場合、「ここまで読んだからあと少しだな」と**読み進めていることが〝体感〟できる**ので、モチベーションの維持にもつながり、読書が楽しく感じられます。

ぜひ、読む本を選ぶときにはこの3点を意識してみてください。

06 詳しい人に聞いてみる

一番自分に合った本を選ぶには、書店に行って気になった本を1冊ずつ確認していくという方法もありますが、それには、やはり時間がかかります。また、自分に合った本がその書店にないという場合もあるかもしれません。

そのように本選びに困ったときには、「詳しい人に聞く」という方法もおすすめです。「詳しい人」といっても、必ずしもその道の専門家である必要はありません。例えば、プレゼンがうまくなるための本を探しているとき、身近にプレゼンのコンサルタントのような専門家がいるケースは、そうそうないでしょう。

そのときには、会社の同僚でも、プライベートの友人でもいいので、プレゼンの上手な人におすすめの本を教えてもらうのです。わかりやすい資料の作り方や人を引き込む話し方など、きっとその人も初めのうちはいろいろな本を読んで学び、それを実践していきながらプレゼンを上達させていったはずです。

頼りにされてイヤな顔をする人はいません。

「自分もプレゼンをうまくなりたいので、○○さんがどんな本を読んで勉強しているのか教えてくれませんか？」

と聞けば、喜んで話してくれるでしょう。

そのときに、あなたが熱心に、真剣に話を聞けば聞くほど、相手も丁寧に教えてくれるはずです。目上・目下、あるいは上司・部下という関係性を気にすることなく、必要な情報はどんどん集めていきましょう。

そして、ここからが肝心ですが、**紹介してもらった本は必ず購入して、きちんと読む**ことです。本を教えてもらったり、あるいは買ったりしただけで読んだ気になってしまう人が少なくありませんが、それでは学びになりません。そもそも、時間を取って情報を教えてくれた相手に失礼です。

きちんと読んで、情報をくれた人に感想を伝えれば、相手は喜んで、さらにいろいろな本に関する情報をくれるようになるかもしれません。

07 ネットの情報を活用する

自分の知りたい情報を持っている人が身近にいない、あるいは、誰がそのような情報を持っているのかわからないという場合もあるでしょう。

そのようなときは、ネットの情報を活用してみてください。

ネット上では、無数の専門家が情報を発信しています。国際情勢について勉強したいのであれば、検索をかけてみて、自分の求めているものと相性のよさそうな専門家を探します。すると、専門家の多くは理解を深めるための参考書や、あるいは初心者向けの入門書を紹介してくれていることがよくあります。

そして今度は、それらの中で自分に合いそうなものを選んで、購入しましょう。するとおそらく、自己流で『○○入門』のような本を買って、想像以上に難しかったり、あるいは自分が求めていたものとは違っていたりということはあまりないと思います。

本を選ぶだけで、わざわざ人に相談するのはおおげさだと思うかもしれません。

しかし、本選びに限らず、何かわからないことがあったとして、その分野に詳しそうな人が身近にいるのなら「このことについて聞きたいんだけど」と相談するでしょう。それと同じことです。

ぜひ人に相談することで、よりよい本選びを実践してほしいと思います。

レビュー・要約サイト・YouTubeを活用する

それでもなお、なかなか適当な人が見つからないような場合は、自分で本を見つけ出すしかありません。

そのようなときに活用したいのが、インターネット上の読者レビューや、本の内容をまとめた要約サイト、YouTube、出版社のホームページなどです。

出版社のホームページでは、書籍の簡単な概要や担当編集者によるおすすめポイントを掲載しているので、基本的な情報を得るのに適しています。自分に合う本なのかどうかを、もっと中身の内容を知って判断したいという人には、要約内容を発信している要約サイトやYouTubeチャンネルもおすすめです。

そしてやはり、実際にアマゾンなどで本を購入する際には、レビューを参考にすることが多いのではないかと思います。どの本にしようか迷っているときには、星の数による評価やレビュー数などで判断がつきやすく、本選びに慣れていない人でもわかりやすいでしょう。

うまく利用すれば、書店に行くことなく、必要な本を見つけられます。

ただし、レビューに書かれていることを鵜呑《うの》みにするのは危険です。特に高低にかかわらず、**評価の極端なレビューには注意が必要**です。

高い評価の場合には、レビュアーが著者の友人・知人、あるいは利害関係のある人という場合があります。もちろん悪気はないのでしょうが、応援したいという熱意のあまり、つい最高の評価をしてしまうといったケースです。

あるいはその反対に、他のレビューと比較して極端に評価が低い場合などは、著者を嫌っていたり、あるいはレビュアー本人に読解力が不足しているため、本の内容を誤解しているというケースもあり得ます。

もし、気になる本が、高評価か低評価かのどちらかに偏っているような場合は、レビューの内容をしっかりチェックしてみましょう。感情的だったり、低評価にした理由について根拠がなかったりするレビューは、どんなに熱心に書かれていても、あまり参考にはしない方がよいと思います。

レビューを読むときには、**具体的な指摘があり、それに基づいた客観的な評価がされているかどうかがポイント**です。例えば、「この本にはAという指摘があるが、これは、……のような点で疑問がある。一方、Bという方法については、とても有効に感じた」といった具合です。よく注意して見てください。

ブックメディアの活用法

また、より本の内容を知ってから購入したいという場合に便利なのが、おすすめの本の紹介や、本の要約を読むことができる**ブックメディア**のサイトです。

中には利用料金が発生するものもありますが、ブックメディアは、本を1冊読まなくてもエッセンスがわかるので、時短で学びを得ることができます。そしてその要約を読んで気になった本が見つかったら、実際に購入して読んでみてもよいでしょう。

ビジネスパーソン向けの要約サイトとして代表的なものには、『flier（フライヤー）』『SERENDIP（セレンディップ）』『BOOK-SMART』などがあります。

『flier』『SERENDIP』は、幅広いジャンルの本を取り上げているのに対し、『BOOK-SMART』はビジネス書を中心としているのが特徴です。基本的にはどれも有料サービスになりますが、スマホにも対応しているので、ちょっとした空き時間に要約を読むことができて便利です。

一方、多数の目利きが本の紹介をしているブックメディアの代表的なものに、『HONZ』があります。こちらは3カ月以内に出版された新刊本の内容を、厳選されたレビュアーが丁寧に紹介してくれているので、非常に参考になります。小説、自己啓発書、IT専門書は扱っていませんが、ビジネスの参考になる本が多数紹介されています。

インターネットで本を探していると、「よく一緒に購入されている商品」などと、別の本をすすめられることがありますが、そのようなレコメンドされた本の内容を、要約サイトや紹介サイトなどで確認して、必要だと思えば購入するという手もあります。

ぜひインターネットを上手に活用して、本選びに役立ててほしいと思います。

08 売れている本を買う

読もうと思う本は何冊か選んだものの、「帯に短し、たすきに長し」ということわざのように、どれも決め手に欠くという場合があります。

例えば、「Aの本は、知りたい情報は十分な量があるが、それ以外のことがあまり書かれていないからちょっと物足りない。一方、Bの本は、すごく情報量が多くていろいろな場面で役に立ちそうだけど、知りたいことは最低限しか書かれていない」などです。

そのようなとき、どちらか1冊を選ぶのであれば、**「売れている方を選ぶ」**のがよいと思います。

著者が有名、レビューでの評価が高い、内容が斬新で面白いなど、本が売れる要素はいろいろとあるでしょう。いずれの場合であっても、その本が他の本よりも売れているということは、何かの理由があるはずです。

著者がその分野の著名人なのであれば、書かれていることの信用性は高いと考えられますし、最新のトレンドなども盛り込まれているかもしれません。

また、レビューの評価が高いということは、多くの読者にとって有益だったということになります。おそらく内容も、その分野に関心のある読者にとってわかりやすいものだったのでしょう。


現在出版される新刊に、類書がないものはまずありません。どのようなジャンルの本であっても、同じような内容の本は必ずあります。

では、売れる本と売れない本の違いはどこにあるのでしょうか。

そのひとつの要素は「斬新さ」です。奇をてらった本ということではなく、たとえ内容的には他の本と似たようなものであっても、切り口や見せ方を変えることで、よりわかりやすくて便利な本になっている可能性が高いということです。

「かゆいところに手が届く」ような本になっているからこそ、他の本と差別化され、売れていくのです。

これは一例ですが、売れる本には「誰もが認めるメリット」がいくつもあります。だからこそ、判断に迷った場合には、売れている本を選べば、失敗の可能性は低くなるのです。

最後は自分の「カン」

それでももし、「この本は確かに売れているけど、何かが違う……」と感じたのであれば、最後は「自分のカン」で選んでもよいと思います。

こんな話をすると無責任のように思われるかもしれませんが、人間のカンは、単なる当てずっぽうではありません。何かを選ばなければならないとき、あれこれと散々迷ったものの、最終的に選んだのは、最初に「これがいいな」と直感的に思ったものだったということがありますが、それと同じです。

本全体の構成、文章の調子、図表の使い方、文字の大きさなど、今まで読んできた本と無意識のうちに比較して、自分に向いている本かそうでないかを判断しているのです。言い換えれば、人は、無意識のうちに自分に合った本を見つけ出しているということです。

もちろん、よく内容を見てしっかりと吟味することが大前提ですが、精査しても判断ができないということであれば、理屈よりも自分のカンを信じてみましょう。

きっと、評判がいいから買ってみたけど、どうも自分には合わなくて途中でやめてしまったということは少なくなると思います。

激推し！

09

投資的な思考で本を選ぶ

読書をすると、そこからの学びを生かすことで年収を増やせます。そして、読書をしない人との年収の差はどんどん拡大していきます。

ビル・ゲイツやユニクロの柳井正さんなど、超一流の経営者は例外なく読書家です。もちろん、読書をすれば誰でもビル・ゲイツのようになれるわけではありませんが、本を読まなければ成功者になれないとは言えるでしょう。柳井さんも「本を読まずに経営をするなんて信じられない」と言っています。

読書とは、未来の自分への投資なのです。

ところで、投資の神様といわれるウォーレン・バフェットは、投資する企業を選ぶ際、次の3つのルールを遵守しているそうです。

❶事業内容がシンプルであること
❷継続的に利益を生み出していること
❸有能な経営者がいること

つまりバフェットが投資をする会社は、「わかりやすい事業をしていて」、「会社が信頼されている結果、安定して利益を出すことができ」、「能力のある人物が適切な経営をしている会社」ということです。

本を選ぶときの3つのルール

バフェットの考え方は、本選びにも通じるものがあると思います。
3つのルールを、本選びの場合に置き換えてみましょう。

❶書かれている内容が自分にとってわかりやすいものであること
❷多数の読者に支持される内容で、かつ、普遍的に通用するものであること

❸著者の信頼性が高いこと

いかがでしょうか。「そんなことは当たり前だよ」と思われるかもしれませんが、投資の世界では、バフェットの3つのルールのような当たり前のことができないために、大損をする人が後を絶ちません。一方のバフェットはこの当然のことを実践し続けた結果、途方もない資産を築きあげたのです。

本の場合も同じです。

この3つを満たす本を選んで読んでいけば、良質な学びを蓄積できて、いずれ大きな成長につながるはずです。

これからの本選びは、ぜひこの3点を基準にしてほしいと思います。

どのような本がこの3つの基準を満たしているのかわからないという場合には、まず**知名度が高く、社会的に信頼をおける著者の書いた本**の中から、自分が理解できるもの、自分の目的に合ったものを選んで読んでみることをおすすめします。

知名度が高く社会的に信頼されているということは、言い換えれば、成功者の証です。

自分の中に明確な判断基準がないのであれば、まずは成功者の意見に耳を傾けるというのが、間違いのない方法だからです。

そこで、読んでみたけれど自分には合わなかったという場合には、また新しい著者を探して読んでみればいいのです。そうして経験を積んでいくうちに、的確な本選びができるようになっていきます。

本を買いすぎて貧乏になった人を、私は知りません。どんどん本を買って、自分への投資を積み重ねてほしいと思います。

10

激推し！

ひとつのジャンルにつき複数冊選ぶ

自分にとって未知の分野の本を読む場合、最初に選んだ1冊をじっくり読むのもいいのですが、ぜひ取り組んでほしいのが、**ひとつのジャンルについて最低3冊の本を読む「多数冊読み」**です。

多数冊読みをすることによって、**その分野に共通した重要なポイントを把握できます。**当然のことですが、同じジャンルについて書かれた本であっても、著者によって主張が違います。一方で、その分野で欠かせないこと、絶対的に重要なことというもののあるのです。

まさに本書がその集約です。これまでに私が読んだ「読書法」に関する本は、優《ゆう》に100冊を超えます。多くの本で共通して述べられていた読書法のみを厳選し、それを基に導き出した、読書の王道、成功ルール、テッパンと言えるものだけを掲載しています。同じジャンルの本を複数冊読んだからこそできた本なのです。

仕事を例にして考えてみましょう。今まで開発部門にいて、会社の数字にはまったく関心がなかった人が、経営企画部に異動になり、来期の必達目標である売上増のための事業計画を立てることになったとします。

会社の売上を増やす方法には、たったひとつの式しかありません。売上＝単価×販売数です。単価か販売数のどちらか、あるいは両方を上げるということになります。

それくらいに共通認識である「単価×販売数」の式ですが、もし異動してきた社員が1冊だけ買ってきた本が、読者の意表を突くような「売上を増やしたかったら小さな会社を買いなさい」という主張をしている本だったら、どうでしょう。

もちろん、長期的にはM&Aで売上規模を拡大していくという方法もあるでしょうが、初めにするべきことではありません。

しかし、もしその本に書かれていることだけを鵜呑みにして、その社員がM&Aの計画書などを提出してしまったらどうなるでしょう。部内では笑い者になり、評価は確実に下がるのではないでしょうか。

そうではなく、もし3冊の本を買ってきて一通り読んでいたら、おそらく、どの本にも「単価×販売数」の話が出てくるでしょう。すると、その通りに、単価を引き上げる方法や販売数を増やす方法を考えることになるはずです。

多数冊読みで基礎を固める

この例は少し極端ですが、私が伝えたいのは、特に自分が知らない分野の本を読むときには、**何が標準的な知識なのかを把握するために、最低でも3冊の本を読み比べてほしい**ということです。

その3冊すべてに共通して書かれていることが、すなわちその分野で重要なことで、押さえておくべきことだからです。

別の言い方をすれば「多数冊読み」は、そのジャンルにおける「常識」を身につけることでもあります。その**常識がわかったうえで、どの本に書いてあることを取り入れるか、**

幅広い視点を持って考えればいいのです。

単価を引き上げるためには、商品デザインを変える、使っている材料を高級なものにしてみるというのもいいでしょう。販売個数を増やすのは、販路を拡大するか、イベントなどを頻繁に行って商品の認知を広げるなど、方法はいろいろとあります。

そこで、顧客の抵抗なく単価を上げる方法や、販売個数を増やす方法について、各著者でオリジナル性が出ている部分を見つけ、自分たちにはどのような方法が有効なのかを考えればよいのです。

未知のジャンルの常識を知ることが多数冊読みの目的でもあるので、3冊を選ぶときには、内容が極端に違うものは避けて、できるだけ同じようなものにしましょう。先の例で言えば、根本的な部分「単価×販売数」を増やす方法について論じている本を3冊選ぶということです。

まずは**多数派の意見を知るための読書**をすること。そしてそのジャンルについての基礎固めをすることです。意外な発想を学ぶのは、その後で十分です。

11 古典を選ぶ

ビジネスパーソンの読書というと、ビジネス書、自己啓発書などの、いわゆるノウハウに関するものが多くなる傾向があります。忙しい時間を割いて読書をするのですから、仕事の成功や人間関係の改善など、具体的な成果に直結し、読書によって自分の成長を実感できる本を読みたいと思うのは当然です。また、読みたい本をたくさん読んで、読書の習慣を身につけることも非常に重要です。

ただ、「最近では読書の習慣が身について、問題なく1冊読めるようになった」という人に、ぜひチャレンジしてほしいジャンルがあります。

それは「古典」です。古典というと古臭くて、現代にはとても通用しないもののように感じられますが、そんなことはありません。

数十年、数百年と読み継がれている古典には、それだけの理由があります。

ベストセラーになる本にはそれなりの理由があるという話をしましたが、古典の場合は、時代を越え、国をも越えて読まれているのです。いったいどれだけの価値があるか、想像してみてください。


ではなぜ、古典はそこまで読まれ続けているのでしょうか。それは、どのようなことに悩み、喜ぶのか。あるいは組織的、体外的な話であれば、どのようなときにどのような問題が発生し、その解決のためには何をしたらよいのか……。人間の根本は、今も昔もさほど変わっていないからです。

人間は、太古の昔から同じことを繰り返しています。もちろん、バックグラウンドや個々の事情は、時代が下るにつれて異なっています。しかし、問題が発生する理由や対処法などの本質は、極端なことを言えば、数百年以上たっても変わらないのです。

例えば、『論語』や『孫氏の兵法』などが書かれたのは、2000年以上昔のことです。この2冊は、現代風にアレンジされた本がたくさん出版されています。なぜなら、**本質的な部分は現代でも十分に通用する**からです。

もう少し近い時代に話を移し、いわゆる古典的名作というカテゴリーで見てみましょう。例えば、経営の神様といわれたドラッカーに『マネジメント』という名著があります。これは40年以上前の本ですが、岩崎夏海さんが『もし高校野球の女子マネージャーがドラッカーの「マネジメント」を読んだら』（ダイヤモンド社）を2009年に出版したところ、大ベストセラーになり、ドラッカーブームを呼び起こしました。

現代での40年の変化は非常に大きいものですが、それでもマネジメントの本質的な部分は十分通用するものということがわかります。

古典で「人間の本質」を知る

古典を読むと、人間の行動についての「ベースとなる考え方」を理解できます。人間の本質的な部分を知ることができると言ってもいいかもしれません。そしてそれを知っていれば、表面的な知識では太刀打ちできないような、さまざまな場面で応用が利きます。

ビジネス書や実用書で学べるスキルやノウハウは速効性があり、今を生きる現代人にはとても意義があるものです。しかし、それはどうしても、表面的な理解にとどまるものが多くなりがちで、場面次第では、そのまま通用しないことも少なくありません。

一方の古典からは、個々の状況に対する細かな対応策などを読み取ることはできませんが、もっと**大局的な視点を養うことができます**。

また『兵法』の話に戻ってしまいますが、「戦わずして勝つ」という言葉はよく知られていますし、この考えによって企業の舵取りをしている経営者もたくさんいます。

このように、**古典で大局観を養い、ビジネス書でそれを実現するためにスキルやノウハウを身につけるというのが、理想的な本選び**ではないかと思います。

とはいえ、いきなりオリジナルの古典を読むのはハードルが高すぎるでしょう。最初は入門レベルのものや、古典をテーマにした漫画でも十分その真髄《しんずい》に触れることができます。長い時代、読み継がれてきた古典のエッセンスを、ぜひ感じてほしいと思います。

12 激推し！ 自分よりも上の年代・立場の人向けの本を読む

ビジネス書や自己啓発書を読む理由は、自分が抱えている課題の解決方法を知るためです。来月の営業成績を少しでも上げたい、顧客に好かれたい、近々ある大きなプレゼンを成功させたい……などの明確な目的が、本を読むモチベーションになっているのでしょう。

ただ、時には、もう少し視点を広げてみてください。

つまり、目の前にある自分の課題を解決するためだけに本を読むのではなく、自分よりも年長の人や、立場が上の人がどのような状況にあるのか。また、どのようなことに悩んでいるのかを知るために、そのような人向けに書かれた本を読んでみるのです。

あなたが30代のビジネスパーソンだったとしたら、50代以上に向けた本を手に取ってみてください。

高齢化が進んでいるためか、最近では「60代になったらどう生きるか」「70歳になったときの考え方」など、年齢層が上の読者に向けた本が増えています。30代のときに、そのような本を読んでみてほしいのです。

本で人生の予習をする

なぜそのようなことをするのかというと、これからの時間の中で、どのようなことが起きて、どのようなことが問題になるのか、いわば**人生の予習ができる**からです。そしてその予習を通じて、今の自分がどのように生きていくべきかがわかります。

例えば、多くの企業で定年となるのは65歳です。今までがんばって会社での仕事に取り組んできた人が、突然メインの生活を失うことになり、ポジティブなもの、ネガティブなものを問わず、大きな変化が起きる時期です。

その年代に向け、30代の自分は今何をしておくべきか予習をすることで、後々に抱える問題点は事前に解決しておくか、発生を防ぐことができるのです。

60代に向けた生き方の本に、例えば「自分に関係のないものは捨てる」とあったとします。そのことを反対に考えると、「60代の多くは、自分にとってあまり意味のないもの、価値のないものをいろいろと抱えているんだな」ということがわかります。

もちろん、その中には60代になる前には必要だったけれど、歳を取ったので不要になったというものもあるでしょう。ただその一方で、「後になって気がついたが、あんなことをする必要はなかった」というものもあるはずです。

そこから先、どのような学びを得るかは人それぞれでしょう。

「歳を取ってからあれこれ考えたくないから、今のうちから本当に自分がやるべきことだけをやっていこう」と思うのか、「60代になって『これはムダだった』とは思いたくないから、何事においてもポジティブな面を捉えて取り組んでいこう」と考えるか。

あるいは、精神的な話ではなく、もっと切実なお金の問題があることに気がつくかもしれません。実際、60歳になって初めて老後資金の不足に慌てだす人もたくさんいるくらいです。そのようなことを知れば、30代のうちからしっかり貯金をしていくことで、60代に備えておこうと考えるかもしれません。

実際に60代になったときに何をどう感じるかは、そのときになってみないとわからないでしょう。ただ、このように60代のことを予習しておくことで、自分の生き方も変わってくるはずです。

これは、年齢だけに限ったことではなく、立場でも同じです。今の自分が、数人の部下を束ねるグループリーダーだったとしたら、それをまとめるマネージャークラス、あるいはその上の事業部長クラスの人は何を考え、何に困っているのか、そのような人たち向けの本を読むことで理解できます。

それによって「あのときの上司の判断は、こういう理由があったのか」「このような問題が起きたらこう考えればいいのか」といったことがわかれば、上下の意思疎通もスムーズになり、仕事もやりやすくなるでしょう。

本は、著者の経験と知恵の宝庫です。ぜひ未来の予習としても活用してください。

13 オンライン書店とリアル書店を使い分ける

いまや、「買う」ではなく「ポチる」という言い方が当たり前になるくらい、オンラインショッピングは私たちの生活に根づいています。

では、皆さんは本を買うときに、リアル書店とオンライン書店のどちらを利用していますか？

リアル書店の閉店数が増加し、2000年には約2万1500店あった書店が、2020年には約1万1000店になりました。20年で半減しています。この現状を見ると、リアル書店の存在意義はどんどんなくなっていくように感じられますが、私はそのようなことはないと思います。

オンライン書店、リアル書店それぞれに特長があるからです。そこを踏まえて上手に使い分ければ、本選びの可能性は広がるでしょう。

そこで、それぞれの書店での本の選び方、上手な付き合い方のコツをご紹介します。

リアル書店での本の選び方

リアル書店に行くメリットは、**世の中のトレンドが体感できる**ことです。

そのため、週に1回、ないし月に1回くらいは書店、それもできれば大型の書店に行ってみると、いろいろな気づきを得られるでしょう。

オンライン書店では、ベストセラーといっても表紙などが上位に表示されるだけですが、リアル書店に行くと、ベストセラーは広いスペースを取って平積みにされていたり、さらに一箇所だけでなく複数の場所に置かれていたりするなど、その勢いを体感できます。ベストセラーは世の中のトレンドを反映しているものです。そのチェックのためにも、リアル書店に行ってみる価値はあります。

また、**思いもよらない本と出合える**こともリアル書店の魅力でしょう。書店の中を回ってみると、探しているジャンルの本以外にも「なんだか面白そうだな」という本を何冊も見つけることができます。

ちなみに、リアル書店は立地と規模に品揃えが左右されます。

小さな書店では、並べられる本の数にも限界があり、特に単行本の場合、売れ筋のものしか置いていない場合がほとんどです。そうなると、自分が探しているジャンルの本とはなかなか出合えないことも多々あります。ですから特に、特殊なジャンルの本を探している場合には、迷わず**大型書店に行きましょう**。

このようなリアル書店の一番のメリットは、やはり本を直接手に取って確かめられることです。

まず気になる本があったら、目次を見てみる。次に自分の課題解決につながりそうな項目があったら、そのページを読んでみて、役立ちそうであればさっそく購入。読みたい本が見つかったというテンションの高いうちから読み始めることができます。

自分で**実際に本をチェックして購入できる**のは、本選びの視点からは一番間違いがないでしょう。

オンライン書店での本の選び方

一方、オンライン書店の強みは、何と言っても**探している本を瞬時に見つけられる**こと。リアル書店では、よほどのベストセラーならともかく、一般的な本だとどこにあるのか探し出すのに手間がかかります。

また、書評や本の要約サイトなどを見て読みたいと思った本を、**24時間、いつでも購入できます**。しかも欠品していることがほとんどないのも安心な点です。

本の内容についても、すべて確認できるわけではありませんが、数ページ程度「立ち読み」ができることもあります。それを読むことでおよその雰囲気はつかめるでしょう。また、本によっては出版社からのコメントも豊富にあるので、それらを参考に、本の内容を想像することもできます。

確かに買ってみないと本の内容はわかりませんが、それよりも、手間をかけずに探している本を見つけられること、オンライン書店でなければわからない情報をもとに本選びができることなど、メリットも大きいと言えます。

興味の幅が広がり、思いもかけない本との出合いが期待できるリアル書店と、必要な本をピンポイントで見つけられ、時短につながるオンライン書店。

目的と必要性に応じて、うまく使い分けてください。

14 紙の本と電子書籍を使い分ける

最近、新刊は紙の本と同時に電子書籍も発売されることが増えてきました。

電子書籍には、アマゾンが運営している「Kindle」や、楽天の「楽天Kobo」など、いろいろなプラットフォームがあります。しかし共通して、書籍そのものを買うのではなく、「データ化され、クラウド上に保管された本（データ）を読む権利を買う」ものです。そのため、端末にダウンロードした書籍を間違えて削除してしまった場合でも、本を読む権利は失われず、再度ダウンロードすれば読むことができます。

また、紙の本の場合、数量が多くなってくると保管場所に困ることもありますが、電子書籍であれば、何千冊、何万冊と本を買っても場所を取りません。

このように電子書籍には、いろいろと便利な特徴があります。ただし、だからといってすべての本が電子書籍になればいい、というわけでもありません。

そこで、電子書籍と紙の本の特徴や優位点を、改めて考えてみましょう。それを踏まえて、書店と同じように、あなたのスタイルに合った形態を選んでください。

電子書籍

持ち運びが便利

前述の通り電子書籍は、タブレットや専用端末にデータをダウンロードして読むので、分厚い本を持ち歩いたり、あるいは何冊も同時に本を読んでいるような場合でも、そのすべてを持ち運んだりする必要もありません。データをダウンロードした端末ひとつあれば、いつでもどこでも本を読めます。常に何冊も同時に読んでいるような読書好きの人には非常に便利でしょう。

検索ができる

本を読み進めていくうちに、「この単語、前にも出てきたな」「これは何の話だっけ？」と、それまでに出てきた単語や文章を確認したくなることがあります。そのようなとき、紙の書籍だと、記憶に頼って探し出すのは大変ですが、電子書籍なら検索機能を使うことで瞬時に見つけられます。

わからない言葉も調べられる

端末をインターネットに接続した状態であれば、知らない言葉が出てきても、検索サイトでそのまま調べることができます。特に初めて読書をするようなジャンルの場合は、知らない単語がたくさんあるでしょう。電子書籍ならすぐに調べられるので、ストレスを減らしつつ読書できます。

電子書籍はこのように、携帯性や機能性に優れているのが特徴です。

紙の書籍

私が『YouTube図書館』のために読む本は、ほぼすべてが紙の本です。なぜなら、次のような点で、今の自分の読書スタイルには紙の本の方が便利だからです。

自由にふせんを貼ったり書き込んだりできる

私は本を読みながら、気になったページの角を折ったり、ふせんを貼ったりしています。電子書籍でもしおりをつけたり、気になった部分にメモを残したりすることはできますが、このような作業は、圧倒的に紙の本の方が便利です。ふせんを貼ったりはがしたりという行為ひとつをとっても、紙の本ならコンマ数秒でできます。

読んでいる実感が湧く

紙の本を読み進めると、残りのページ数を紙の厚みで体感できるので、「本を読んでいる」という実感が湧き、達成感を得られます。電子書籍の場合、インジケーターで残りページ数などは示されますが、〝実感〟はさほど得られないように思います。

読み終わったら売ることができる

私は『YouTube図書館』で毎日1冊の本を紹介しています。そのために毎月新しい本を30冊以上読むので、年間300～400冊ずつ読んだ本が増えていくことになります。しかしもちろん、自宅にそれだけの本を置く場所はありません。そして、一度読んだ本は基本的に再度読むことがありません。

そのため、置き場所がないという物理的な理由もありますが、読まない本を私が持っているより、その本を読みたいと思っている人の手元に届く確率が少しでも増えるようにという理由から、読み終わった本はどんどん売ってしまいます。

対して電子書籍は、もういらないと思っても売ることができません。本を大量に読むようになったら、コストパフォーマンス的にも紙の本の方がよいでしょう。

第２章のポイント

- ✓ 書店に行って目についた本を見てみる
- ✓ その分野の専門家が書いた本を選ぶ
- ✓ 自分の課題を解決してくれる本を選ぶ
- ✓ 軽くてうすい、簡単そうな本を選ぶ
- ✓ 仕事や生活においてメリットを得られる本を選ぶ
- ✓ はじめに選ぶ本は、電子書籍ではなく紙の本を選ぶ
- ✓ 周りの、その分野に詳しい人におすすめの本を聞いてみる
- ✓ レビューや要約サイト、YouTube、出版社のホームページを活用する
- ✓ 売れている本を買うのもひとつの手
- ✓ 書かれている内容が“自分にとって”わかりやすいものを選ぶ
- ✓ 多くの読者に支持されて、普遍的に通用する内容のものを選ぶ
- ✓ ひとつのジャンルについて最低３冊の本を読む
- ✓ 古典は人間の本質を知れて、大局観を養える
- ✓ 年齢や立場が上の人向けの本で、人生の予習をする
- ✓ 書店と本の形態を使い分ける

第3章

読書の技術

15

激推し！

4ステップ読書法①

予測読み

私は、毎日1冊の本を紹介していくYouTubeチャンネル『YouTube図書館』を運営しています。そのために毎日1冊の本を読み、話す原稿をまとめ、収録までこなしています。こう話すと、「きっと、金川さんはすごい速読の技術を持っているんでしょうね！」と言われます。でも、そんなことはありません。

文字を読む速さで言えば、多少他の人よりも速いかもしれませんが、いわゆる「速読ができる人」にはとてもかないません。

では、どのようにして短時間で本を読んでいるのかというと、いろいろな読書法の本を読んで考え出した、4ステップの読書法を使っています。**1冊の本を4回異なる読み方で読んで、内容の理解度を上げていく読書法**です。4回と言っても、本を最初から最後まで熟読するわけではないので、ご安心ください。

実は、多くの〝読書家〟と呼ばれる人が似た読書法を実践しています。そのため、この方法は信頼性があり、効果もあるものと自負しています。

一般的な読書法と異なる点もあるので多少の慣れは必要ですが、誰でも簡単にできて、しかも記憶に残り、身につく方法です。ぜひ試してみてください。

タイトル、帯から内容を推察する

さっそく説明に入りましょう。まずステップ1「予測読み」です。

これは、**本のタイトル**や、帯に書かれている**キャッチコピー**、**著者の略歴**などから、まず**「何について書かれた本なのか」を予測しながら読む**方法です。

「タイトルやキャッチコピーで書かれていることを予測するって……。そんなことが必要なの？」と思われるかもしれません。

では、タイトル、キャッチコピー、著者略歴などが何もわからない本があったとしましょう。その本を読み始めるとき、多くの人が戸惑いを感じると思います。なにしろ、誰が何について書いたものかわからないまま読み進めるというのは、いわば、真っ暗闇の中を手探りで歩いていくようなものです。これでは、どんなによいことが書かれている本であっても、スムーズに頭に入ってきません。

その反対に、ジャンルは何なのか、また何について書かれている本なのか最低限の情報があれば、心構えもできるので、**本からの情報も受け取りやすくなります**。その心構えを意識的につくるのが、「予測読み」です。

『はじめての人のための3000円投資生活』（横山光昭／アスコム）という本を例に、予測読みを説明しましょう。

まず、タイトルを見ると「はじめての人のための」とあるので、初心者向けの本らしいということがわかります。

『はじめての人のための3000円投資生活』
横山光昭著
アスコム

次に「3000円投資生活」ですが、これだと意味がわかりません。3000円では投資額が低すぎて、わざわざ本にする理由もないからです。そこで、帯を見ると「毎月3000円から『貯金感覚』でできる」と書かれているため、「この本は、積立型の投資について説明しているのか」と推測できます。

さらに帯裏を見ると「3000円投資生活はたったひとつの投資信託を買うだけ」とあるので、この段階に来て「この本は、毎月3000円ずつ、投資信託を買って資産を増やしたいという初心者向けの本なのだろう」という推測が成立します。

このように、本のカバーや帯には、本の内容についてのさまざまな情報が書かれています。それらの情報から、ゲーム感覚で**「この本はこんなことが書かれているのだろう」ということを予測します。**

ただ、この段階であまり時間をかけたり、深刻になったりする必要はありません。予測したことが合っていたか外れていたかは、あまり問題ではないからです。

それよりも、自分が**この本を読む理由や、そして読んで何を得たいのかを意識することの方が重要**です。

そして予測読みが終わったら、ステップ2の「断捨離読み」に進みましょう。

16

激推し！

4ステップ読書法②

断捨離読み

ステップ1の予測読みで、読もうとしている本の全体像の当たりをつけたら、次はステップ2「断捨離読み」です。断捨離読みとは、本の中から、**今の自分にとって読むべき部分を選び出して読む**読書法です。

私は、**本全体の2割を読めば、自分にとって必要な残りの8割は理解できる**と考えています。つまり、本1冊をすべて読む必要はないのです。200ページの本であれば、40ページ程度、多くてもせいぜい60ページ程度に絞り込み、そこだけを読めば十分です。

そのためにも、「本は最初から最後までちゃんと読んでこそ理解できる」「本は頭から順番に読んでいくもの」という、読書に関する固定観念は捨ててください。

確かに、一般的な読書法とは違うので違和感はあるかもしれません。しかしこの断捨離読みも、呼び方は人それぞれですが、ステップ1の「予測読み」同様、多くの読書家が実践していることです。

また、この「本は必要な部分だけ読めばよい」という考え方は、最近では著者の側にも浸透してきています。本の冒頭の「はじめに」などで、「この本は最初から読む必要はない。○○な人は第2章から、△△な人は第3章から読んでほしい」などと提案してくれる著者もいるほどです。

小説のように、最初から読まないと話がわからなくなってしまうものは別として、ビジネス書やノウハウ本は、自分の読みたい部分、必要だと思う部分を読めば読者のニーズは満たされることを、著者もわかっているのです。

「読むべき箇所」の選び方

断捨離読みの具体的な方法を紹介します。

❶本を開いたら、まず「はじめに」と「おわりに」を読む

「はじめに」には、著者の問題意識、さらに本の構成も紹介されていることが多いです。ここでまず、この本で著者は何をどこで書こうとしているのかを把握しましょう。

次に「おわりに」を読みます。ここでは本の結論や、さらに学びを深めるための著者からのメッセージなどが書かれていることが多いです。

このように「はじめに」「おわりに」を先に読むことで、**提起されている問題とそれがどのような方向性で解決されるのか、大雑把に把握できます。**読み始める前に本の中身を予習しておくイメージです。

❷目次を見て、気になるところの目星を〝章単位〟でつける

例えば、投資の本の場合、初心者が読むのであれば、そもそも投資とは何かという説明から、証券会社や投資商品の選び方といった部分が読むべきところでしょう。細かなテクニックなどは今の段階で読んでも意味がわからないので、バッサリと切ってしまいます。

一方、ある程度の投資経験がある人であれば、投資とは何かなどの説明は不要なので、資産を増やすための細かな商品知識について書かれた部分だけ読めば十分でしょう。

このように、**「現在の自分にとっていらない部分は読まない」ことが、読書の質を高めるためには重要**です。

そして、読んでみたい、あるいは読んでおいた方がよさそうな章や項目を選び出したら、いよいよ本を開いて、該当部分を〝見て〟いきます。

ここで、〝見て〟と言うのには、理由があります。丁寧に読むのは次のステップ3なので、その準備として、本当に読むべき内容があるのか、そして読むべきと思うなら、どのような観点で読めばいいのかなどをチェックしていくのが、ステップ2の目的だからです。「絶対に読む」「読んだ方がよさそう」と思ったページは端を折ったり、あるいはふせんを貼ったりしておくなど、目印を残しておいてください。

このような作業の結果、自分が読むべき部分は相当絞られてくるので、200ページの本であっても、多くても〝60ページくらいの本〟になります。

そしてその本をいよいよ〝読む〟のが、次のステップ3「記者読み」です。

4ステップ読書法③

17

記者読み

激推し！

実際に本を読む段階、ステップ3「記者読み」です。

ここでは、ステップ2で選んだ箇所を読んでいきますが、ポイントになるのは、「ふんふん、そうなのか」と素直に読むだけではなく、「本当にそうなのか？」「なぜそうだと言えるのか？」など、本を通して**著者に質問をしているようなイメージ**で読んでいくということです。芸能人や政治家の会見では、記者がさまざまな質問をぶつけていますが、「記者読み」とは、あの場にいる記者の気分になって本を読むということです。

ここでも「なぜ、普通に素直に本を読まないの？」と思った人もいるでしょう。

そういう方は、すでにステップ3のポイントを無意識のうちに理解しているのかもしれません。

そうです。ステップ3では、その「なぜ?」が大切なのです。「なぜ?」と考えることによって、**著者の意図を推測したり自分の考えを深めたりすることができる**からです。また、「なぜ?」という疑問を抱いたことで、**より鮮明に記憶に残る**というメリットもあります。

読んでいる中であなたが「なぜ?」「どうして?」と感じた疑問点については、「前に述べた○○というのは、××という理由があるからです」「××となる背景には、△△という事情があります」など、本の中に答えが書いてあることも多くあります。

しかし、疑問に対する直接的な答えがない場合も、当然あります。

それには、他の部分から著者の考えを推測したり、あるいはそれも見つからなければ、自分の中の問題意識として認識したりしておきましょう。読書を続けていくうちに、他の本で氷解することがあるからです。

本の理解を促進する3つの質問パターン

記者読みのプロセスで重要なのは、自分の想定した答えが合っているか、あるいは見つかったかということではありません。**考えるプロセスそのものが読書をする意味のひとつであり、重要なこと**なのです。

今まで、特にこのような読み方をしたことがない人は、そもそもの問いかけの方法がわからないと思います。そこで、投資の本を例に、3つの方法を紹介しましょう。

「前提は正しいのか？」

「投資がおすすめなのはなぜですか？」と著者に取材しているイメージです。そもそもなぜ、危険のない貯金ではなく、リスクのある投資をする必要があるのか。その背景にある著者の問題意識を、本を読みながら探っていきます。

「その主張は正しいのか？」

著者の説に対して、「本当なのか？」と、一歩立ち止まって考えてみます。

「低金利であり、高齢社会が進む中、資産を増やすには投資が最適」という話ならば、確かにもっともでしょう。ただしここでは、投資が本当に自分にとってベストな方法なのか、あるいはもっと別の解決方法はないのかなど、著者と対話をしているイメージで本を読んでいきます。

「著者の主張に根拠はあるか？」

一見もっともらしい話であっても、その主張が一定の事実に基づいていなければ、言い方は悪いですが、虚偽の情報ということもあり得ます。虚偽とまではいかなくても、著者の主張に何らかのバイアスがかかっている可能性もあるでしょう。本の中に、主張を裏づける事実はあるのか、よく読み解いてください。

「なんだか大変そうだな」と感じるかもしれませんが、日常生活では、誰かと話をしているときに「それ、本当なの？」「なんでそう思うの？」と感じることはよくあります。それが「記者読み」の場合は相手が本になった、ということだと考えれば、話は簡単。ぜひ実践してみてください。

18

激推し！

4ステップ読書法④

要約読み

4ステップ読書法は、最後のステップ「要約読み」で総仕上げとなります。

要約読みとは、**著者の主張や、自分の学びとなった部分を「要約」して、3ないし5つに集約する**ことです。

そしてこの要約読みは、インプットの次の段階である**アウトプットを意識したもの**でもあります。

ところで、ここでの「要約」は、試験問題にあるような要約とは異なります。

試験で出る要約問題には、ある程度の正解があります。しかし「要約読み」でまとめる要約に、正解はありません。読む人それぞれに異なった要約でいいのです。本を読んで、自分が最も重要だと感じたところをまとめたものを、ここでは「要約」と呼んでいるからです。

そして、この「要約読み」プロセスを通じて、学んだことを自分の中に定着させ、具体的なアウトプットにつなげていくのです。

具体的な方法としては、ステップ3の「記者読み」でしっかりと考えながら読み込んだ部分を、3～5つに集約していくというやり方です。

ただ、「どの項目も捨てがたいものが多くて、どのような方針で選んだらいいのかよくわからない」という場合もあるでしょう。

そのようなときには、次のことを意識してみてください。

❶選び出した項目をチャンク化する

「チャンク化」とは、情報を、ひとかたまりとして捉えるということです。こうすることで、本の内容を覚えやすく、また人に伝えやすくもなります。

例えば、読んでいる投資の本に「株価に連動して価格が変動するインデックスファンドは、ハイリターンはのぞめないがリスクも低い」「世界の株式価格は、短期的な視点では上下の値動きが激しいが、数十年単位の長期で見ると、着実に上昇している」というふたつの項目があったとします。

これをチャンク化すると、「世界の株式価格は長期的には上昇しており、これに連動するインデックスファンドも、長期で見れば、ローリスクでリターンを増やせる」ということになります。

このように複数の要素をまとめることで、内容はより簡潔に、理解しやすくなります。

❷本を知人に紹介するときに、どのように説明するか考える

読書で大切なのは、インプットだけでなく、その本で学んだことをアウトプットすることです。そしてアウトプットにはいろいろな方法がありますが、本の内容を人に説明するというのも、ひとつの方法です。

そこで、**その本の中から印象に残っている部分を3つ人に説明するとしたら、何を選ぶか**という視点で考えてみてください。著者の主張と自分の考えが食い違うような場合でも、「著者の主張はこっちだと思うけど、自分にはこれの方が大切に思えた」という話ができ

れば十分です。そう考えれば、要約読みのハードルはだいぶ下がるのではないでしょうか。

以上が、私が実践している「4ステップ読書法」です。

私は、このステップ1~4に、30分ほどかけて取り組んでいます。いわゆる速読には及ばない速さだとしても、**内容理解と、アウトプットに直結している**という点では、十分に速読以上の効果があると思います。

ぜひ自分に合った方法で、この「4ステップ読書法」を取り入れてみてください。きっと「読んだ本が自分の血肉になっている」ということを体感できると思います。

19

速読の誤解と極意

本書を読んでいる方なら、一度は「速読術」に興味を持ったことがあるのではないでしょうか。

読まなくてはいけない本は山のようにあるのに、読むのが遅いためになかなかはかどらず、本だけがどんどん積み上がっていく……。そのようなときに、「○分で1冊読める！」などのようなキャッチコピーを見ると、思わず飛びつきたくなるでしょう。

巷《ちまた》で紹介されている速読法は、本当にいろいろあります。

ページを写真のように記憶してしまう方法、行の真ん中あたりだけを見ていく方法、全体を見ながら、ページの中ですばやく視点を動かしていく方法など、実にバラエティーに富んでいます。確かにこれなら、5分もかからずに1冊読み終わるだろうという方法が紹介されています。

しかし、問題はこの先です。果たしてこの方法で読んだ本の内容を理解し、覚え、実践できるかというと、話は別なのです。

「速読」はできないのが当たり前

ここで、アメリカのカーネギーメロン大学で行った実験を紹介します。

1分間に約600～700単語を読める「速読者チーム」、約250単語を読める「一般人チーム」、約600～700単語を〝見る〟「読み飛ばしチーム」の3グループに、ある文章を読んでもらって、最後に理解度を測るためのテストを実施しました。

すると、最も理解度が高かったのは「一般人チーム」で、「速読者チーム」は最下位の「読み飛ばしチーム」より、やや上程度の理解度だったのです。

そして、読む文章を、被験者たちには知識のない高度な科学論文にしたところ、「速読者チーム」は最下位になってしまったそうです。

この結果になったのは、人間の肉体的な制約に理由があります。

そもそも、文字を読むためには眼球を動かさなくてはいけませんが、その速さには当然限界があります。この限界を超えて文字を読むというのは、正確に言うと「読んでいる」のではなく「眺めている」だけです。

それでは、内容を理解できないのは当然でしょう。どんなにいい本であっても、眺めているだけでは学びにはつながりません。

実際に、カリフォルニア大学サンディエゴ校の心理学者エリザベス・ショッターらの研究論文によって、**読書における眼球運動の重要性はなんと10%以下**だということがわかりました。さらに、前の単語や文章に戻って読み直す能力を排除すると、速読によって全体的な理解力は向上するのではなく、むしろ悪化する傾向があることも発見しています。

つまり、**読書に費やす時間が少なくなるにつれて、必然的に内容への理解は不十分になってしまう**ということです。

そんな速読について、アメリカの俳優・監督であるウディ・アレンは、こんな冗談を言ったそうです。

「僕は速読のクラスで『戦争と平和』を20分で読んだ。ロシアについて書いてあったと思う」

速読には、その分野の「基礎知識」が必要不可欠

とはいうものの、本を速く読める人とそうでない人がいるのは事実です。

その差はどこにあるのかといえば、読んでいる本のジャンルに関する知識の有無が大きいと思います。どんなジャンルの本であっても、ある程度の背景知識があれば、他の人より早く読み進めることができるはずです。

逆の言い方をすれば、本を読むにあたっての基礎知識がない場合には、時間がかかるのは仕方ありません。速く本を読むよりも理解することの方が大切です。

それでも、初めての分野の本をたくさん、しかも早く読まなければならないような場合も、ビジネスパーソンにはあるでしょう。そんなときには、いきなり内容の充実した本を

読むのではなく、**なるべく薄くて、見るからに簡単そうな本から読み始めるのがコツ**です。

簡単そうな本を何冊か読んでいくうちに自然と用語を覚え、いろいろな知識も身についていきます。そうしたら、少しずつ本のレベルを上げていくのです。最初に簡単な本を読んだときよりも、内容は高度になっているにもかかわらず、速く読めるようになっているはずです。

まず、薄くてわかりやすい入門書で最低限必要な知識を身につけてしまうこと。一見遠回りのように思えるかもしれませんが、それが、ちゃんと理解しながら速く本を読むための秘訣です。

20

成果の上がる「好奇心読書」

人は、好奇心を刺激されると物事を覚えやすくなる。

そう言われると、あなたにも心当たりがあるのではないでしょうか。勉強が苦手な子どもでも、好きなゲームのキャラクター名はすべて覚えているように、興味を持ったことはどんどん覚えられるものです。

実は、好奇心が持つ効能は、それにとどまりません。

脳は好奇心をかきたてられた状態にあると、好奇心の対象とは無関係なことでもどんどん記憶しようとするのです。つまり、ゲームの好きな子どもがワクワクしながら新キャラクターの情報を読んでいるとき、そのワクワクした状態のまま漢字の勉強をすれば、普段よりもよく覚えられるということです。

この不思議な脳の機能は、米国カリフォルニア大学での、次のような実験によって広く知られるようになりました。

被験者は、脳の働きを調べる機器を装着した状態で、さまざまなジャンルのトリビアクイズを解いていきます。その後、クイズの解答を覚えているか確認したところ、脳の好奇心を司《つかさど》るエリアが活性化していた被験者は、活性化していなかった被験者に比べて解答率が高かったのです。

ここまでなら「興味・関心のあることは覚えやすい」という話になるのですが、この実験では、クイズの合間に問題とはまったく無関係の人物写真を見せて、後でその写真についての記憶テストをしています。すると、脳が活性化していた被験者は、そうでない被験者と比べて2倍成績がよかったというのです。

脳は、ある領域が活性化すると、それに隣接する領域もその影響を受けやすくなるといわれています。脳内で好奇心を司る領域は記憶を司る海馬と隣接しているので、**好奇心が湧くと記憶力も高まり、好奇心の対象とは無関係のものでも記憶に定着させようとする**というわけです。

すっかり前置きが長くなってしまいました。では、この事実をどのように読書に応用したらよいか考えてみましょう。

一番わかりやすいのは、**読書の前に、何かワクワクすることをしておく**というものです。好きなアーティストの動画や、面白そうなニュースを見るのでもいいかもしれません。読書をするなら、その前に気分を盛り上げておきましょう。

「知りたい」という気持ちで効果的な読書をする

これから読もうとしている本を使って、気分を盛り上げる方法もあります。

ここで私がおすすめするのは、本に書かれている内容のうち、**自分の知らないことを把握してから本を読み始める**ということです。こうすることで**本に対する好奇心が湧き、脳が活性化した状態で読書ができるので、本の内容を記憶しやすくなります。**

例えば、16時間断食によるダイエットの本を読むとします。

そのとき、すでに自分が知っているダイエットに関する知識「糖質をあまり摂らない」

「夜寝る前にものを食べない」「食事のときは野菜から食べる」「20分以上の有酸素運動をする」などを、思いつくままにノートに書いていきます。

次に、本を開いて、目次の中から自分が知らなかったこと、知りたいと思ったことを同じようにノートに書いていきます。「16時間空腹の時間をつくる」「8時間の間は何を食べてもよい」「筋トレは必ずする」「食べるタイミングは関係ない」など、こちらもいろいろと見つかるでしょう。

これで準備OKです。

このふたつを見比べることで、「この本を読むと、自分が知らなかったこんな面白いことがわかるんだ」と、好奇心を司る領域が活性化して、読書の効果が高まるのです。

スポーツの前には、よいパフォーマンスをするためにウォーミングアップが欠かせませんが、読書でも同じことです。この方法で脳のウォーミングアップをしっかりしてから、本を開いてみてください。

21

自分の体験に引きつけて読む

映画を見たり小説を読んだりしていると、とても共感できる場面に出合うことがあります。登場人物が喜んだり、悲しんだり、あるいは悔しがったりと状況はさまざまですが、「その気持ち、よくわかる！」と引き込まれるように感情移入し、作品の世界にどっぷり浸ってしまうのです。

ビジネス書を読んでいる場合も、本に書かれていることと、**自分が実際に体験したり、見聞きしたりしたことを結びつけることで、より理解が進み、記憶にも残ります。**

とはいえ、ひとりの人間が現実に体験できることは、それほど多くありません。そこで試してもらいたいのが、**バーチャルな体験も「我がこと」にしてしまう**という方法です。

自分の実際の体験以外に、本で読んだことがある、あるいはネットやテレビで見たことがあるということも、自分の体験のように実感して、本の内容と紐づけるのです。

体験を読書に結びつける方法を、次の3パターン紹介します。

体験を読書に結びつける方法

実際の自分の体験と紐づける

例えば、「プレゼン成功術」というタイトルの本を読む人の中には、過去、プレゼンに失敗して手痛い思いをしたことがある人も少なくないでしょう。そんな人は、「ああ、こうすればプレゼンがうまくいくのか」と、ただ漫然と本を読むのではなく、自分が「ここは失敗だった」「興味のなさそうな相手の反応がつらかった」など、そのときの感情を呼び起こしながら読んでください。

「あの場面でこんな言い方をすればよかったのか」「この方法で雰囲気を変えれば、もっと関心を持ってもらえたはず」と思いながら本を読むことで、そこに書かれていることが記憶に残りやすくなります。

脳の中で記憶を司る海馬は、**感情が刺激された情報を重要なものと受け止め、記憶にとどめようとします**。そのため、より感情が動かされるリアルの経験を思い出しながらの読書が、とても効果があるというわけです。

読んだことのある本の内容と紐づける

同じジャンルの本や雑誌を何冊も読んでいると、「この内容はどこかで見たことがあるな」と思うことがあります。あるいは、別の本を読んだときには理解できなかったことが、今回の本では丁寧に解説されていて理解できたということもあるでしょう。

このように、同じ内容に繰り返し触れたり、過去の記憶に紐づけることができるものに接したりすると、記憶にとどまりやすくなります。

本を読んでいて**「これはどこかで見たことがある話だ」と感じたら、そこはよく意識して、思い出してみてください**。

世の中で話題になっているニュースなどと紐づける

これは、本に書かれていることと自分の体験や記憶が、なかなか関連しない場合に有効な方法です。

例えば、国内営業の経験しかない人が、突然海外企業との商談窓口になってしまった場合など。海外相手のビジネス本を読んでも、自分の中にはなかなか生かせそうな体験や記憶はないでしょう。

そのようなときには、現地でビジネスをしている人や生活している人のブログを読んだり、相手企業に関連するニュースに触れたりして、「現地で暮らしていて、相手企業のこともよくわかっている自分」を徹底的にイメージしながら、本を読んでみてください。口をついて、思わず現地語が飛び出してしまうくらいが理想です。普段接しないブログやニュースなど、**他人事でしかなかった情報を自分事と捉えることで、本の内容も頭に入ってくる**ようになります。

本をよく理解して記憶に残すために、リアルであれバーチャルであれ、自分の「体験」をうまく生かしてください。

22 積読は気にしすぎない

自分で読もうと思った、あるいは人からすすめられて買ったものの、結局読むことのないまま、どんどん本が積まれていく……。

本は、読もうと思って買ったときが、やはりモチベーションが一番高いはず。ですから、生の食べ物ではありませんが、本を手にしたその日から読み始めることが大切なのです。

とはいえ、現実にはなかなか難しいのも事実です。決して読むつもりがないわけではないにせよ、「そのうち読めばいいや」と思っていると、いつの間にかこのような状態、いわゆる「積読」になりがちです。

この積読は、一般的にはあまりいいことだと思われていません。

確かに、本には旬の話題もあるし、そもそも本を買っただけで読んだつもりになっていては、学びにならないでしょう。

それでも私は、積読は決して悪いことばかりではないと思っています。

実際に本の内容を読んでいなかったとしても、表紙や帯などを見れば「このようなことが書かれているのかな」という見当はつきます。そして、自分が抱えている課題と、それに対してどのような解決を考えていたかを思い出すことができます。

この作業は、**自分の現在地を改めて客観的に知るために有効**なのです。

積読を「学び・気づき」に変える

積読になりがちな人は、積まれている本の量にもよりますが、数カ月に一度、本の整理をしてみてください。

そこで例えば、プレゼン資料の作り方の本が積まれたままになっていたことに気がついたとします。

すると、もし今現在も、相変わらず相手をうならせるようなプレゼンスキルが身についいていないのであれば、改めて勉強をしようというきっかけになるでしょう。あるいは、すでにある程度スキルが身についているのであれば、もう不要なので処分すればいいだけです。

もしかしたら、手元にある本を買った理由を思い出すことすらできないかもしれません。そのような場合には、本を開いてみて面白そうだと思えれば読み始めればよし。興味が持てなかったら、売るなり、誰かにあげるなりしてしまうもよし、です。

このように、積読には過去の自分を振り返り、今の自分と客観的に向き合える効果があります。せっかく買った本を積んだままにしておくのは確かにもったいないですが、別の角度から見れば効用もあるのです。

「せっかく本を買ったのに、読まずにいる自分はダメだ」などと思う必要はありません。定期的な積読チェックを、今の自分に必要なことを確認しているのだと考えて、安心して本に向き合ってほしいと思います。

23
「15分」をひと区切りにして読む

「自分は集中力がないから、長時間、本を読んでいられない」

そんな悩みを抱えている人に知ってほしいことがあります。集中力が長続きしないのは、特別なことではありません。むしろ普通のことです。

実は、**人間の集中力が続くのは、15分から20分くらい**だといわれています。

小学校のころの授業時間は45分くらいだったように思いますが、それを考えると、授業中に落ち着きをなくしてそわそわする子どもが多かったのも、当然ではないでしょうか。

ただ、だからといって「集中力がそこまでしか続かないなら、本を読めなくても仕方ないんだ」ということにはなりません。

ここで生かしたいのが、逆転の発想です。15分程度しか集中力が続かないのであれば、

集中できる15分を何回も繰り返し、結果的に1時間、2時間と読書をすればよいのです。

15分刻みで集中力を高めるという方法は、東京大学大学院とベネッセコーポレーションによる実験でも検証されています。連続して60分勉強したグループより、1回15分集中して勉強し、その合間に休憩をはさむというサイクルを3セット（計45分）行ったグループの方が、集中力が一定で、なおかつ成績もよかったそうです（左ページグラフ）。

もちろん、読んでいるのがとても面白い本で、ふと気がついたら2時間くらいたっていたという場合には、無理やり15分刻みにする必要はありませんが、そこまで集中して読める本は、それほど多くはないと思います。

長時間本を読むのが苦手だという人は、まずは15～20分程度集中して本を読んだら、5分程度休憩して頭をリフレッシュさせ、続きを読むということをやってみてください。

そのときにおすすめなのが、一定の時間でタイマーをかけ、時間がきたら休憩して、またタイマーが鳴るまで本を読むという方法です。

これは**「ポモドーロ・テクニック」**といわれる方法で、勉強や仕事の効率を上げるため

休憩と集中力の関係(脳波計データ)

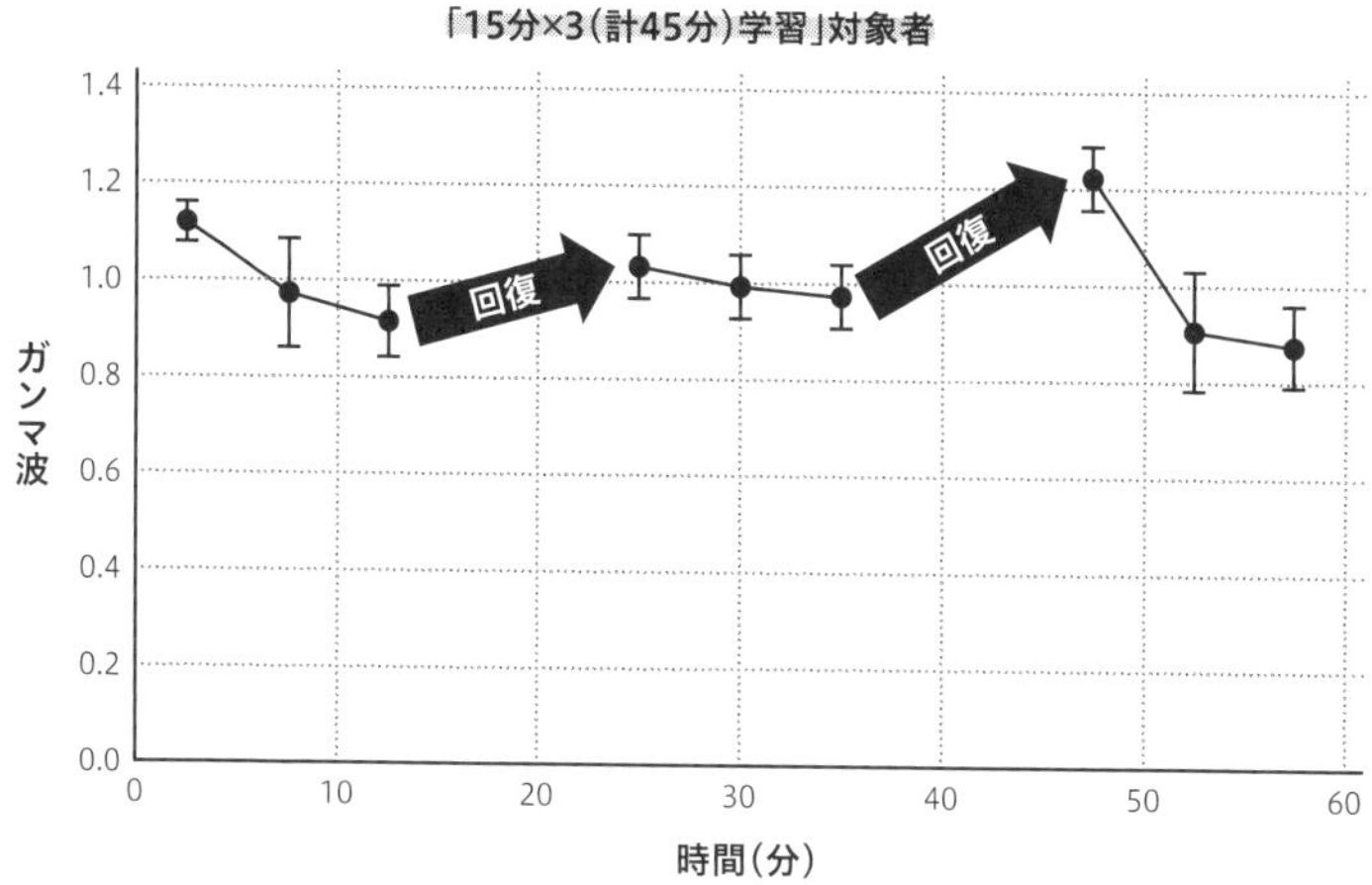

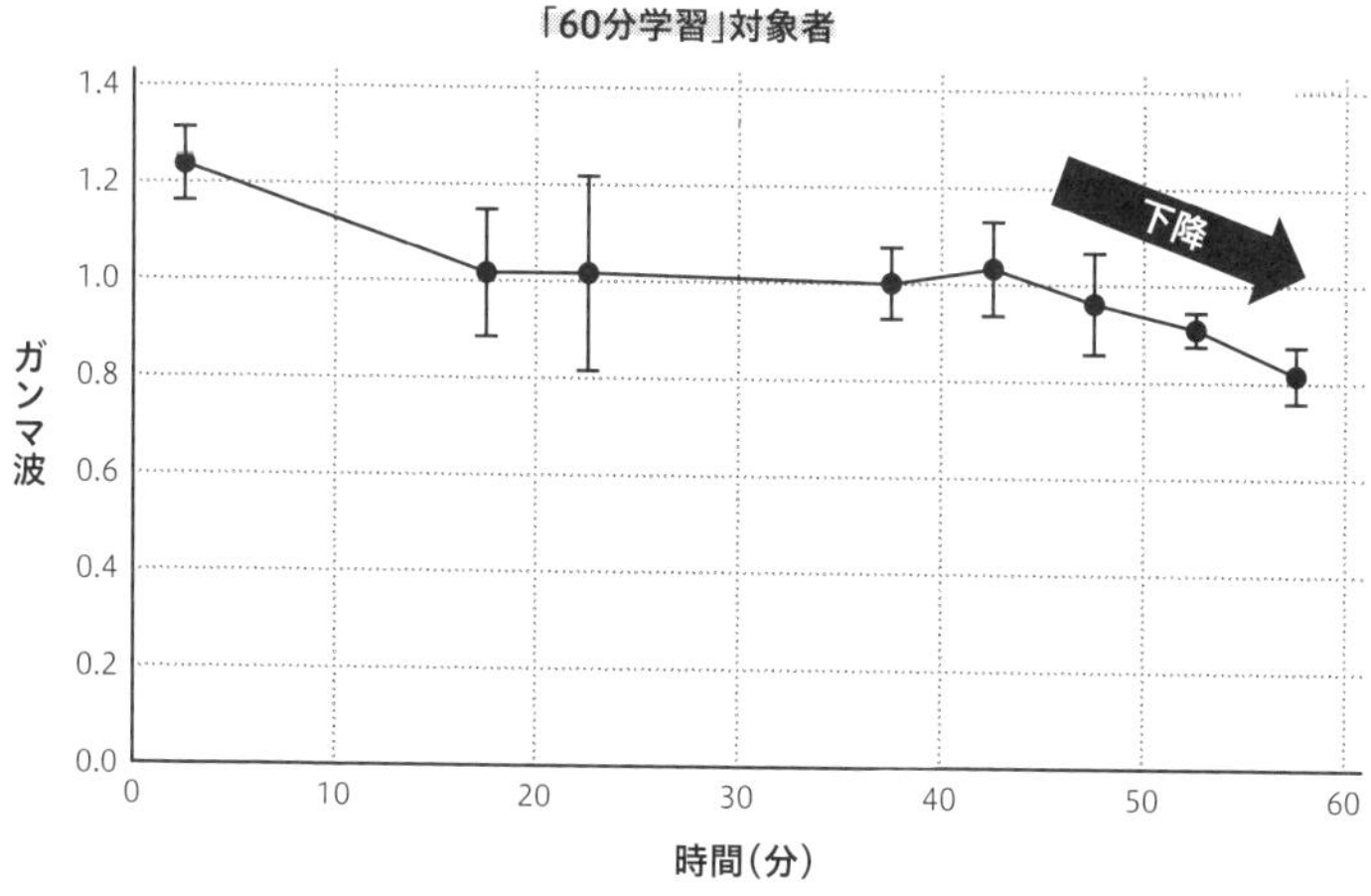

➡短時間の学習の後に休憩をはさむことで集中力を維持している時間を増やし、少ない時間でも同等以上の成績を出せたと考えられる

※ガンマ波＝集中力に関与している前頭葉の脳波
※上下グラフのガンマ波絶対値の大小は関係ありません

によく使われます。ポピュラーなのが、25分の作業と5分の休憩を1セットにして、これを4セット繰り返し、終了したら30分休憩するという方法です。

時間は25分でなくても問題ありません。25分はとてももたないと思うのであれば15分でもいいし、その反対に40分くらいは集中できるのであれば、それで大丈夫です。目安としては、**「そろそろ時間になったかな」と思う時間が、集中力の切れるころ**だと考えればよいでしょう。

短時間で区切ることには、長時間だと集中力が続かないという理由もありますが、別の意味もあります。それは「この時間にここまで片づけなければいけない」と意識することで、さらに集中力を高めるということです。

これは**「締め切り効果」**と呼ばれますが、あなたにも経験のあることだと思います。いわゆる「火事場の馬鹿力」に似たようなものです。なかなか手をつけられなかった資料作りが、直前になって始めたら短時間でうまくまとめられたということはないでしょうか。

このように、人は**締め切りが設定されると普段以上に集中力が高まる**ので、それを読書にも応用するというわけです。

ただし、なんとなく本を読んでいてもあまり意味がありません。それでは集中力の欠けた長時間の読書を、ただ分散しているだけです。

読書を始める前に、これから読もうとしている内容を目次で確認して、そこから何を学べるか、事前にイメージしてみてください。そしてそれを意識しながら本を読んでいくことで、読書の効果はぐっと高まります。

自分には集中力がないというのは単なる思い込みで、集中力を持続させる方法を知らなかっただけです。自分には十分な集中力があるという自信をもって、短時間読書法にのぞんでほしいと思います。

24 古典・名著を読むときのポイント

第2章でもお伝えしたように、本を読むのに慣れてきた人には、いわゆる古典や名著に挑戦してもらいたいと思います。

長く読まれている古典や名著とは、少し大げさな表現かもしれませんが人類普遍の法則が書かれたものです。時代背景に違いがあるので、そのすべてが現代に通用するとは限りませんが、本質的な部分は大きな学びになるはずです。

ただ、いきなりそれらの原著にあたることはあまりおすすめしません。というのも、古典や名著の原著は読むのが非常に難しいからです。

この「難しい」ということにはいくつかの意味があります。

そもそも書かれている内容が難しい場合もあれば、内容や文章は平易でも、その本が書かれた歴史的背景を知らないと意味がわからないという場合もあります。

例えば、その知名度に比べて、実際に読んだことのある人はほとんどいないのではないかと思われる本に、マルクスの『資本論』があります。

『資本論』は内容の難解さはもちろんですが、そこで使われている用語が独特なもので、「剰余価値」「労働力の商品化」と言われても、たいていの人は何のことなのかわからないでしょう。しかし、この意味がわからないと、理解するどころか読み進めることさえ不可能です。


『資本論』だけでなく、古典や名著の原著は、何も知らない状態で読み始めたら、まず間違いなく挫折します。

ランニングでいえば、100メートルをようやく走れる人が、いきなりフルマラソンの42・195キロを2時間台で走れと言われているようなものです。古典の原著を読むためには、相当の学識と教養、そして鍛錬が必要になるのです。

古典はまず〝漫画〟から読んでみる

では、知識の豊富な人でなければ古典の真髄に触れることはできないのかと言えば、そんなことはありません。原著を読むことで達成感や知的な満足感を得たいのであれば、ぜひ読んで自信につなげてください。

一方、そこまでは必要ないと思うのであれば、**いきなり原著にあたるのではなく、入門書でエッセンスに触れることから始めてみるのがおすすめ**です。

いわゆる古典、名著として知られる本には、たいてい入門書があります。まず、そのような入門書で原著を読む際の前提となる知識や時代背景、概要をざっくりとつかんだうえで、徐々にレベルアップしていきましょう。さらに漫画がある場合なら、漫画から読み始めるのもよいと思います（もっとも「漫画」とは名ばかりの、難解な記述にイラストを添えただけというものもあるので、購入時には注意してください）。

そうすれば、最終的に原著を読めるようになっています。段階をきちんと踏めば、人類の叡智《えいち》である古典にも触れることができるのです。

ただし、読書をする目的は、自分が成長するためです。何の本であれ、原著を読めるようになることよりも、自分が理解できる入門書を多読して自分の成長につなげる方が、読書本来の目的は実現できると思います。

古典の持つ価値は不変ということは認識しながらも、自分にとっての読書の意味はなんなのか、忘れないようにしてください。

25 ビジネス書を読むときのポイント

同僚や上司に「この本はとても役に立つから」と、すすめられたビジネス書を読んでみたものの、どうもピンとこないということもあるでしょう。その原因は、本の内容そのものに問題がある場合もありますが、残念ながら、読み手側の力不足ということも考えられます。

ビジネス書に書かれている内容は、そのまま直接的に自分のケースに当てはめて生かせるわけではないことが多いので、何かを学ぼうとしたら、**本の内容を抽象化する過程が不可欠**です。抽象化することで、**その概念をいろいろな具体策に応用できるようになる**のです。

「抽象化と言われても意味がわからない」という方もいると思うので、具体例で説明します。

これは、実際に渋谷であったことです。タバコの吸い殻のポイ捨てが問題となっていた渋谷のセンター街では、ある喫煙所を設置したところ、ポイ捨てが9割も減少したそうです。

その喫煙所とは、吸い殻でアンケートへの投票ができる「投票型喫煙所」。喫煙者は、投票箱に書かれた「究極の選択」のうち、どちらかに吸い殻を入れて投票するという仕組みです。最も反響のあった究極の選択は、「永遠の愛、そして一文なし」か「一攫千金、そして永遠の孤独」。さて、「あなたが手に入れたいのは、どっちですか?」というものだったそうです。

あなたがどちらを選ぶかはさておき、これは確かにゲーム性があって、タバコを吸う人であれば参加してみたいと思うのではないでしょうか。

この〝具体例〟を自分のビジネスに生かそうとした場合、**どのように〝汎用性を持たせるか〟**。ここが（お待たせしました）、抽象化のプロセスです。

もしかしたら、「何か解決したいことがあったら、アンケートを取ればいい」と考える人がいるかもしれませんが、それは抽象化ではありません。この施策のただの説明です。「アンケートにしたからポイ捨て防止効果が高まった」のではなく、「アンケート形式にしたことの意味や理由はどこにあるのか」を考えるのが、抽象化の第一歩です。

26 事例を抽象化する

本の内容を抽象化するというのは、なにもビジネス書を読むときだけに有効というわけではありません。どんなジャンルの本でも理解を深めるためには必要なので、ここで改めて抽象化の方法を紹介します。

前項の例を、A「ポイ捨てをする側」と、B「ポイ捨てをやめさせたい側」に分けて考えてみましょう。

まず大前提となる**目的**は、「街の美化のためにポイ捨てをなくす」ことです。街をタバコの吸い殻でどんどん汚すことが正しいことだと思う人はあまりいないでしょうから、ここでは、この目的の是非は問いません。

では、なぜAはポイ捨てをするのかを考えてみると、「タバコを捨てる場所がない」「離れた場所まで吸い殻を捨てに行くのは面倒だ」「特に意味はない」など、いろいろ理由はあると思いますが、ここでは「わざわざ灰皿のある喫煙所に吸い殻を捨てに行く動機がない」という**仮説**を立ててみましょう。

これを、ざっくりとですが抽象的なレベルにすると、**「人は問題がある行動だとわかっていても、面倒な手間をかけてまでそれを修正しようとは思わない」**ということになります。

一方、Bの側から見ると、ポイ捨てをやめさせる方法として「喫煙所の数を増やす」「罰則を厳しくする」「監視員に監視させる」「自発的にポイ捨てをやめさせる動機づけを考える」などが挙げられます。

ただしここで問題になるのが、現実面での制約です。喫煙所の数を増やせば、確かにそこで吸い殻を処理する人は増えるでしょうが、どのくらい増やせば効果的なのかわかりません。また、罰則を厳しくしてもポイ捨てを常に監視して罰金を取るというのは、人員的に無理があります。そうなると、喫煙者が自発的にポイ捨てをやめる動機づけを考えることなるのです。

そこで、今回の事例を抽象化すると、**「人は面倒なことであっても、何らかの楽しみや面白さが、それに取り組む動機になり得る」**ということになります。

ここまでわかれば、あとは個々の事例に当てはめていくだけです。

言われてみれば当たり前のことですが、本は事例をもとに書かれていることが多いので、「これは自分とは関係ないことだな」と思ってしまうこともあると思います。そのような、一見自分とは関係なさそうなことであっても、**抽象化することで自分の課題解決に向けた重要なヒントになる**のです。

27

激推し！

文章の論理構造を把握する

1冊の本の中で、著者が本当に言いたいことはそれほど多くありません。200ページ以上ある本でも、要約すると数百文字でおさまってしまうのが普通です。

このことを別の角度から見ると、著者や出版社は、その数百文字のことを伝えるために時間をかけて何百枚もの原稿を書いて、1冊の本にしているということになります。

もちろん、要約以外の部分にも重要な意味があります。

結論にいたるまでの論拠となる事実や、具体例などを使った解説、その他のエピソードなど、挙げていけばきりがないくらいのさまざまな内容が、本には盛り込まれています。

そのような部分があるからこそ、本の理解が進み、読書が楽しくなるのです。

とはいえ、本を読み慣れていないと、書かれているすべてのことが重要に思え、結局著者が伝えたかったことは何だったのかよくわからないまま終わってしまった、ということもあり得ます。

そのようなときに役立つのが、文章中の**接続詞に注目しながら読む**方法です。

この方法によって、本の中で大切な部分と、それほどでもない部分、超重要というわけではないものの読んでおいた方がいい部分などがわかるので、うっかり著者の主張を読み落としてしまうということもなくなります。また、**本を読む上での力の入れ場所もわかるので、短時間での読書もできるようになる**でしょう。

「接続詞にそんな深い意味があるのか？」と思われるかもしれませんが、文章とは、基本的に論理的にできているものです。いくつもの文章をつなぎ、論理的な話を展開していくために、接続詞は重要な役割を果たしているのです。

著者の主張を把握するために注目するべき接続詞

では、注意するべき接続詞の代表例を具体的に説明していきます。

「しかし」

このような**逆接の接続詞の次には、著者の主張が書かれていることが多い**です。「しかし」の前には、一般的な話が書かれていて、それを否定して自分の主張につなげていくという流れです。

「世間では、この問題について○○のように捉えられている。しかし、あまり知られていないが、実際には××なのだ」などのような使われ方です。「実は」「本当は」といった言葉も同様です。

「つまり」

「要するに」などと同様に、結論につながる接続詞です。その**次の文章は、それまで述べてきたことのまとめ**になります。

「Aが不足するとBという問題が起こり、それはCという被害につながる。つまり、Cを防止するためには、十分なAが必要なのだ」などのように使われます。

著者は「つまり」以降の主張をするためにそれまでの文章を書いているので、極端な言い方をすれば、**「つまり」以降の文章を読めば、著者の言いたいことはわかる**ということです。

「具体的に言うと」

抽象的な内容を、わかりやすい表現にするときに使われます。「Aには○○というリスクがある。具体的に言えば、××、△△……」などのような展開です。解説に加え、例が挙げられる場合もあります。

抽象的な話をしている前段で内容が理解できたのであれば、「具体的に」以下は飛ばし読みでも構いません。

「第一に」

同列の内容を述べていくときの接続語です。「私の感じる問題点は以下の通りだ。第一に……、第二に……。そして第三に……」といった具合です。一見、単なる例示のようにも思えますが、どのような場面で使われているかによって、重要度が変わってきます。著者の問題意識や何かの結論について述べている場合は、その内容をしっかり把握しておきましょう。

これらの接続詞に注意していけば、著者の問題意識や主張を読み落とすことが減り、また本を読む際の力の入れどころもわかると思います。

ぜひ、これから読もうと思っている本で試してみてください。

28 「放置読み」で理解を深める

あなたは、自転車に乗れるようになったときのことを覚えていますか？

こう質問されると、ほとんどの人は「正確には覚えていないけれど、いつの間にか乗れるようになっていた」と答えるのではないでしょうか。

また、企画会議でいい提案をしたいけれど、いくら考えてもピンとくるものが思いつかず困り果てていると、ある朝、目が覚めたら、前日までには思いつきもしなかった素晴らしいアイデアが浮かんできたという経験をしたことがある人も多いでしょう。

このような、今までできなかったことが突然できるようになることを、脳科学では**「レミニセンス効果」**と呼びます。

言語学者であり、評論家でもある外山滋比古さんは、この効果を「発酵」と呼んでいるそうですが、まさに言い得て妙だと思います。

先の企画の例でいえば、アイデアの出し方の本や、ヒントになりそうな本を読むことでバラバラと得られた知識を、いったん脳が整理しなおして、使いやすい情報に再構築しているため、「いつの間にか」、「突然」できるようになったと錯覚するのです。

このプロセスが、外山さんの言葉でいう〝発酵〟です。発酵によって、望んでいた結果を得られるというわけですが、このプロセスには時間がかかるために、本を読んだ直後には、何の考えも思いつかないのです。

「放置読み」が向くケースと向かないケース

「放置読み」は、このレミニセンス効果を生かした読書の方法で、名前の通り、本を読んだら何もせずにいて、成果が表れるのをじっと待つという方法です。

ただしこの読書法は、すべての読書に通用するわけではありません。

読んだらすぐに行動に移した方がよい、ノウハウ色の強いビジネス書や健康本にはあまり向いていないように思います。本を読んだだけで突然目をみはるような資料を作れるようになったり、どんどんやせてダイエットに成功したりするということは考えられないでしょう。

そのような、「行動」が伴わないと実現しないものではなく、企画会議でのアイデア出しや、新規事業の計画など、**頭を使って結果を出さなくてはいけない読書**に、この「放置読み」は向いていると思います。

実は私も、「放置読み」で企画のヒントを得たことが何度もあります。特に私の場合、毎日1冊のペースで本を読んでいるので、脳へのストックも大量になることで、よりアイデアが生まれやすい環境にあるのではないかと感じています。

ただしこのレミニセンス効果は、残念なことに、ただ漫然と本を読んでいても成果は得られません。

まず前段階として、**必死に考え抜くことが必要**です。

「AとBをかけ合わせることで、新しいCをつくり出せるが、その方法が難しい。なんとかならないか」「この事業を成功させるためのマーケットは、どのようにつくり出せばいいのか」など、本を読み知識を吸収し、ひたすら考えます。

そして、これ以上はもう無理だというところまで来たら、考えることをやめます。すると、今度は脳が自律的に働き始め、いいアイデアを生み出してくれるのです。脳に大きな負荷をかけることで、脳は「この問題は重要そうだから解決策を考えよう」と判断するのかもしれません。

基本的には、私は本を読んで、いいと思ったことは即行動に移すことをおすすめしています。しかし、どんなにがんばっても成果が出ないという場合には、この「放置読み」を試してみてはいかがでしょうか。

なかなか一筋縄ではいかない、人間の脳の不思議さを実感できると思います。

第３章のポイント

- ✓ まず本のタイトル、オビ、キャッチコピー、著者略歴から内容を予測する
- ✓「はじめに」「おわりに」、そして目次を見て気になるところに目星をつけてから読む
- ✓「なぜ？」と疑問を持ちながら読む
- ✓「前提は正しいのか」「主張は正しいのか」「主張に根拠はあるか」を確かめながら読むと理解度が上がる
- ✓ 著者の主張や、自分の学びとなった部分を３～５つ、人に説明すると仮定して要約する
- ✓ 速読すると内容の理解度が不十分になる
- ✓ 速読には、その分野の基礎知識が必要不可欠
- ✓ 内容を自分の体験に引きつけて読むと、理解が進んで記憶に定着する
- ✓ 積読チェックは「今の自分に必要なこと」のチェックになる
- ✓ 人の集中力が続くのは 15 ～ 20 分程度
- ✓ 古典を読むならまず入門書から
- ✓ 読書を人生に生かしたいのなら、本の内容の抽象化が不可欠
- ✓ 本の内容を理解するには、文中の接続詞に注目しながら読む

第4章 アウトプットの技術

29

激推し！

アウトプットする前提で読む

「本を読んでも内容を覚えられない」という人がたくさんいます。多くの人が、その理由として記憶力の悪さを挙げますが、それは違うと思っています。

確かに、一度読めば本の内容を理解し、さらに記憶してしまう人もいる一方で、何回読んでも頭に入らない、記憶に残らないという人もいます。

その理由は、記憶力の差というより、読書のときの緊張度合いの差が大きいのではないかと思います。

緊張といっても、大勢の前で話をするときに感じるような、いわゆる〝緊張感〟ではありません。本の内容をどこまで自分のものにできるかという、いわば〝本気度〟です。

本気度が高ければ高いほど、本の内容は自分のものになっていくはずです。

ただ、その本気度は客観的に測りにくいもので、どうしても主観的にならざるを得ません。そもそも、どうしたら本気の読書になるのかわからないでしょう。長時間、本を読めばいいのか、あるいはとにかくたくさんの本を読めばいいのか、それとも難しい本を読んでいけばいいのか……。

しかし、本気の読書をするのは、実はそれほど難しいことではありません。読むだけで終わらせない、「アウトプットを前提にした読書」をすればいいのです。

読んだだけで終わらせない「アウトプット読書術」

アウトプットといってもいろいろなパターンがありますが、まずは「読んだ本について人に話す」という方法をイメージするとよいと思います。

この本は何について書かれた本なのか、そして自分はそれについてどのように感じ、どのような行動をすればよいと思ったかを、人に話すつもりで本を読むと、漫然と本を開いている場合と読書の質に大きな差が出ます。

ロンドンの大学で、この件に関する興味深い実験が行われました。

ある文章を学生たちに読ませて、その記憶の定着度を調べるというものです。

学生を、「後で人に文章の内容を教えるグループ」「後でテストを受けることになっているグループ」「特に何もしないグループ」に分けます。そして、文章を読んだ後にテストを実施したところ、最も成績がよかったのは「後で人に文章の内容を教えるグループ」だったそうです。

この実験では、実際には誰かに文章の内容を教えてはいません。しかし「人に教える」ことを意識しただけで、内容の理解と記憶の定着に大きな差が出るのです。


そのようなことが起こる理由については、脳の働きから科学的に説明されています。

「本の内容を人に教えなければいけない」という心理的なプレッシャーによって、副腎皮質から「ノルアドレナリン」という脳に作用する神経伝達物質が分泌されます。このノルアドレナリンは、集中力や記憶力などを向上させる機能があるのです。

このため、人に話すこと、つまり**アウトプットを前提とした読書をすると、記憶と理解が促進される**というわけです。

さらに、ただ読むだけでなく、実際に人に説明する、教えるという行動を取ることで、脳は「この情報は重要だ」と判断して記憶にとどめようとします。

このように、脳科学的な観点から、アウトプットを前提とした読書の有効性は証明されています。

ぜひこれからは、「この内容を覚えよう」という姿勢ではなく、「この内容を教えよう」という姿勢で、読書にのぞんでください。

30

手書きでメモを取る

偉人、天才と呼ばれる人たちには、読書をしながら何か気づいたことがあると、**直接本に書き込みをする**人が多いようです。

明治の文豪である夏目漱石もその一人で、書き込みをすることの効用を人に説いていたそうです。また、『帝国以後』（藤原書店）などの著作があり、現代の「知の巨人」と呼ばれるフランスの歴史人口学者エマニュエル・トッドも、読書の際には、どんどん本に書き込みをしているのだとか。

このような人たちは、おそらく本を読みながら頭が高速回転しているので、読む端からアイデアが湧いてきて、何かメモをせずにはいられないのでしょう。

私も、『ＹｏｕＴｕｂｅ図書館』で紹介する本を読むときには、手書きでどんどんメモを取っています。私の場合は、後で録画用の原稿にまとめるときに都合がいいのです。なお、メモが大量すぎて本の余白には書き込めないので、本に直接ではなく、大きめの紙を用意して、そこにひたすらメモを書いていくというやり方をとっています。

1回の動画のために、10枚以上のメモを取り、それを整理して実際の原稿を作っているのですが、実はこのメモづくりには、原稿の準備以上の意味があります。

視聴者に伝えたいことやポイントになる点、自分の感想など、あらゆることをメモしていくことで、自分自身の理解がどんどん進み、学んだことが脳に染み込んでいるのを実感できるのです。

なぜ手書きがいいのか

では、なぜタイピングではなく「手書き」がいいのでしょうか？　実は、**手書きにはインプットの効果を高めるアウトプットとしての効果がある**のです。

皆さんの中には、学生時代に英単語を覚えるのにひたすら手で書いて覚えていたという方もいるでしょう。その効果を裏づける実験が、米国プリンストン大学とカリフォルニア大学で行われています。

被験者にある動画を見せ、30分後にその内容について質問をするというものです。被験者を手書きでメモを取るグループと、キーボード入力でメモをするグループに分けて実施したところ、手書きのグループの方が成績がよかったというのです。

ノルウェーの大学でも同様の研究が行われており、そこでも同様の結果が得られました。その理由について、**「ペンを紙に押しつけて文字を書くという動作を通じて、多くの感覚が活性化されているのではないか」**と結論づけられています。


このように、「本を読みながらメモを取る」というのは手軽にできるうえ、インプットにも非常に効果的なアウトプットなのです。

さらに、そのメモを後になって読み返すことで、本の内容や自分の思考の過程を振り返ることができます。メモをした箇所に、「重要な点」「面白かった内容」など、感想別のふせんを貼っておけば、後になって「あの本のどこかに書いてあったけど、どこだったかな」と読み返したい場合にも、本をまるごと一冊、読み返さずにすみます。

ちなみに、本に直接書き込むか、あるいは別にメモを用意してそこにどんどん書いていくか、どちらがいいのかといえば、それは個人の性格や目的に応じて判断すればよいです。「本にはどんどん書き込みや線を引いたりして、自分の『ノート』にしてしまう方がよい」「本に直接メモをした方が時間の節約になる」という意見もあれば、私のように、後で動画用の原稿にするために、メモがひとまとめになっていた方がいいという場合もあるからです。

また、純粋に勉強用のテキストであればともかく、普通に読む本にあれこれと書き込みをするのは、どうも抵抗があるという人もいるでしょう。そのような人の場合、無理に本に書き込みをしても、かえってそのことが気になって肝心の内容が頭に入ってこないかもしれません。

重要なことは、読書をしながら、どんどん手書きメモというアウトプットをしていくことです。好きな方法で構わないので、ぜひその効果を実感してほしいと思います。

31 ライブ配信をして感想を話す

アウトプットで最も気軽に始められるのは、**本の感想を話す**ことでしょう。

本で学んだことを説明しようとしたら、理路整然としっかり理解する必要がありますが、「感想を話す」のであれば、そこまでのレベルである必要はありません。

「この本には、こんなことが書いてあった」
「ここはわかりやすかったけれど、こちらはやや難しく感じた」
「この本はこんな悩みのある人におすすめ」
「自分もこの本で得たことを取り組んでいこうと思っている」

この程度のことでいいので、読んだ感想を誰かに話してみましょう。本の内容や、それに対する自分の考えが改めて明確になってきます。

読書の話に限りませんが、ある話題について誰かと話をしているときに、それまでよくわからなかったことが、急に腑に落ちて理解できたということはありませんか？

話をしているときは、意識しているかどうかにかかわらず、人は**自分の考えをまとめながら、言葉を口にしている**のです。

その結果、それまではぼんやりしていた事柄が明確に見えてくるのですが、本を読んだ感想を誰かに話すのも同じことです。誰かにその本の話をしているうちに、「そういえば、こんなことも、あんなことも書いてあった」「それについて、自分はこんなことを考えたんだった」ということを思い出し、自然と本の内容が脳に定着していきます。

そして「誰かに話す」ときに有効なのが、ＳＮＳでのライブ配信です。最近では、ツイッターやインスタグラム、ＴｉｋＴｏｋなどの投稿で、たくさん本が紹介されています。それは、ＳＮＳ上に多くの読書好きがいることの証明でもあります。そのようなユーザーに向けて、面白かった点、よくわからなかった点、そして本から学んだ点などを、ライブ配信で話してみるのです。

ライブ配信は怖くない！

ライブ配信というと、いきなりハードルが高いと感じるかもしれません。「途中で話につまったらどうしよう」「ひどいコメントをされたら……」など、いろいろと心配の種はあると思いますが、少しくらい失敗しても問題ありません。

人を傷つけたり、法律に違反したりするような行為や発言は論外ですが、真面目に本のよさを伝えようとする配信であれば、特に初心者の場合、何かミスがあってもほとんどの人は温かく見守ってくれるでしょう。もし、そのライブが気に入らないという人がいても、そのような人は視聴をやめていくだけです。

また、「頻繁にライブ配信をやれるほど、本を読めない」という人もいると思います。そのような場合でも大丈夫です。ただし、配信の日時もしくは頻度だけは固定した方がよいでしょう。

1週間に一度、あるいは1カ月に2回程度のペースでもいいので、**定期的・継続的に取り組む**ことで「今度の土曜日はライブ配信があるから、この本を読んでおこう」という具合に、読書が自然と習慣になっていきます。**ライブ配信を読書のペースメーカーにする**というわけです。

最初のうちは、視聴者は知り合いが数人だけという状況が続くと思いますが、その段階でくじけることなく、配信を継続することが重要です。続けていくうちに話し方が上手になり、話す内容も面白くなっていけば、自然と視聴者は増え、いつの間にか「読書の輪」の中心になっているでしょう。

ライブ配信というアウトプットで、読書の楽しさをみんなで共有する。
ぜひ、その体験を味わってみてください。

32

激推し！

本の内容を人に説明する

本を読んだ「感想」から、本の内容の「説明」に、1ステップ進んでみましょう。

読んだ本の内容を人に教えたり説明したりすることは、本の記憶を高めるのに効果的なアウトプットだというのは、前にもお話ししました。説明することを前提に本を読むと本気度が違うので、記憶にも残りやすくなるからです。

ところで、この「人に説明する」というアウトプットには、記憶を高める以外にも、**本の理解度を促進する**という効果もあります。

他の人にわかりやすく説明できるようになるためには、自分自身がしっかりと本の内容を理解している必要があるからです。

複雑でわかりにくい情報であっても、それをそのまま話すことは、その情報を覚えてさえいれば可能です。しかし、それをわかりやすく伝えるためには、複雑な情報から不要なものを削ったり、あるいは同じような内容のものをまとめたりして、情報をシンプルで単純なものにしなければなりません。

「情報を単純化する」というのは、非常に難しいことです。そもそも情報を本質的にしっかり理解していなければ、本質的に重要な幹となる部分と、それほどでもない枝葉の区別がつかないため、情報の整理ができないからです。

20世紀を代表する物理学者のアインシュタインは、次のような言葉を残しています。

「6歳の子どもに説明できなければ、理解したとは言えない」

この言葉で思い出すのは、ジャーナリストの池上彰さんです。池上さんのわかりやすいニュース解説は定評がありますが、もともと池上さんは、NHKの『週刊こどもニュース』という番組に、ニュースに詳しいお父さんという役で出演していました。

アインシュタインの言葉のように、まさに6歳の子どもでもわかるようにニュース解説をしていた池上さんは、NHKの職員だった当時、年間300冊以上の本を読んでいたそうです。この圧倒的な読書量と、それによって得られた情報を正しく理解しているからこそ、子どもにもわかるニュース解説ができたのです。

池上さんのように「読んだ内容を人にわかりやすく説明するのだ」とアウトプットを意識していると、理解力を高めることができるでしょう。そのコツは**「要するに、ここで重要なことは何なのだろう」と常に考えながら読む**ことです。「要するに」を意識することで、焦点を絞ることが可能になり、何が幹で何が枝葉なのか、おのずと見えてきます。

相手に合わせた説明をする

そして「わかりやすい説明」のもうひとつのポイントは、**相手に合わせた説明をする**ということです。

アインシュタインの言葉には「6歳でもわかるように説明する」とありますが、いつでも必ずそうしなくてはいけないということではありません。説明をしようとする相手のレベルに合わせて、情報量を絞り込まない方がわかりやすい場合もあります。

話す相手によって、同じことを伝えるにしても、話の粒度が違うことは、ごく普通にあります。例えば、マーケティングの仕事をしている人が、学校の同窓会のようなさまざまなバックボーンの人たちが集まっている場で自己紹介をするのであれば、「○○社で、マーケティングをしています。最近は△△という仕事をしました」程度の説明ですませるでしょうが、同業者の集まりであれば「○○社で、MAを活用したリードナーチャリングを担当しています」など、詳細なことを話すでしょう。

人にわかりやすい説明をするというのは、これと同じことです。話そうとしていることについて、相手に知見のある場合には、複雑な話はそのまま話した方が伝わりやすいということもあります。

このように、本を読むときには、説明する相手を想定しながら読んでみてください。「ここはもう少し噛み砕いた方がいいな」「この部分は業界では常識だから、省略してもいいだろう」など考えながら読むと、本に書かれていることが**「自分事」**になり、理解度は大きく変わってくるでしょう。

33

激推し！

本で学んだことを実行する

「本を読んで営業成績がよくなれば、そんなラクなことはないよ」「本を読んでも何も変わらないから、読書は時間のムダ」

「なぜ読書をしないのか」と聞かれて、このように返答する人は少なくないでしょう（本書の読者には、そう考えている人はいないと思いますが……）。

これはある意味では正しいし、ある意味では正しくありません。

ライフスタイル、健康法、資産形成、ビジネススキルなどジャンルは問わず、本を読めば知識は増えるものの、読んだだけでは、自分を取り囲む現実は何も変わりません。その点で言うと、確かに読書は役に立たないでしょう。

では何が間違っているかと言えば、「読書をする本質的な意義は、そこに書かれている内容を実践することにある」ということを理解していない点です。

例えば、ダイエット法の本を何冊も読めば、いろいろなノウハウを知ることができ、知識面ではダイエットの専門家になれるでしょう。

しかしその方法を実践しなかったら、当たり前ですが体重は変化しません。ダイエットして手に入れたい理想の体型や健康な体は、いつまでたっても実現しないでしょう。

本で得た知識を自分のものにするにはアウトプットが不可欠です。究極的に重要なアウトプットが、「本の内容を実践すること」なのです。

こう言うと、「それはわかっているけど、本を読み終わったころには、何をしたらいいのか忘れてしまって実行につながらない」という声が聞こえてきそうなので、そうならないための方法をお伝えしましょう。

それは、「本を読んでいていいなと思うことがあったら、途中でもその時点で、すぐに実行に移してみる」ことです。

本の内容をすぐに実践するコツ

またダイエットの例ですが、16時間断食がダイエットや健康にいいという話を聞いて、実際に16時間断食の本を読んだとします。そこに「このダイエットを成功させるためには、食事と食事の間を16時間空けるだけでよい」と書かれていました。その文を読んで試してみようと思ったら、**その場ですぐに実行する**のです。

もし夕食後の20時ごろにこの本を読んだとしたら、16時間後は翌日のランチタイムです。ちょうどベストなタイミングで断食をスタートできます。

大切なのは、「一通り本を読んでからやってみよう」と先延ばしにしないこと。文字通り、「その場で」です。読んでいる途中でも、その場で本を閉じて、すぐに実行してください。

ここで、「今日はおいしそうなスイーツがあるから、明日から始めよう」などと、夜のおやつ習慣を優先してしまったとしたら。おそらく翌日も、「今日はお腹が空いたから」

「もらいものがあるから」などと自分自身に言い訳をして、結局いつまでたっても本の内容を実行できません。

「これはいい！」と思ったら、その場で実行に移すこと。これが結果につながるアウトプットの方法です。もちろんこの方法は、ライフスタイルやビジネススキルのようなものでも同じです。

アメリカ合衆国建国の父と呼ばれるベンジャミン・フランクリンの自伝には、節制、勤勉、誠実など、「フランクリンの十三徳」と呼ばれる、よりよい人生を送るための教えが書かれています。そして自伝にはさらに、その13の徳をどのように身につけたらよいか、フランクリンが実践していた方法も書かれています。

その方法とは、**毎週ひとつ、確実に身につけようという徳を選び、月曜から日曜日まで毎日、その徳を実践できたか振り返る**というものです。詳しい方法はぜひ実際に本を読んでみてください。

この本を読んだのが水曜日だとしても、次の月曜日まで待つ必要はありません。水曜日の残りの時間から、「今週はこれを体得しよう」と考えた〝徳〟を意識して行動し、寝る前に一日を振り返ればいいだけです。

このように、本からの学びを確実なものにするためには、**タイムラグをつくらない**ことです。よいと思ったら、すぐに実行する。これを忘れないようにしてください。

34

アウトプット方法はフィードバックで修正する

読書をするうえでの行動の重要性はすでにお伝えしましたが、本に書いてあることを実践しても、期待通りにいかないこともあるでしょう。「やっぱり本を読んでも意味がなかったな」と思ってしまうかもしれませんが、そこで諦めてしまっては、元の木阿弥《もくあみ》。なぜうまくいっていないのか、どこを改善すればうまくいきそうなのか、自分が**実行した内容を振り返って、改善策を検討し、再度実行してみることが重要**です。この振り返りが、より効果を上げるために必要な「フィードバック」です。

フィードバックには、自分でできるセルフフィードバックや、他の人から指摘してもらった方がよいフィードバックなど、学びの内容によっていろいろな方法があります。そこでここでは、実践しやすいフィードバックを3つ紹介します。

レコーディング

本の内容に沿って実行したことを記録し、振り返るときに実行内容と効果の有無を検証する方法です。

以前「レコーディング・ダイエット」というダイエット法が流行しました。これは食事内容と体重の変化を細かく記録する方法です。食生活を可視化することで、何を食べすぎていて何を食べられていないのかを把握し、過食を抑制することや、ダイエットへのモチベーションを上げることができます。その実践者である評論家は大変な成果を上げていたので、記憶にある方もいるでしょう。

1点注意したいのは、実践する内容によって記録するデータが異なるということです。例えば、記憶を強化しようというのであれば、覚える事柄を何回も繰り返して復習することが効果的ということはわかっています（168ページ参照）。しかし、どの程度の時間をおいて復習するのが最も効果があるのかは諸説あり、また個々人によっても違いがあります。

そこで、いろいろなパターンでテストを繰り返し、成績を検証します。このプロセスを通じて、自分にとっての最適な期間が把握できるというわけです。

「本に『1週間空けてテストをする』と書いてあったけど、1週間たったらほとんど忘れてしまった」という場合には、1週間という期間は自分にとって長すぎるということなので、練習までのスパンをもう少し短くしてみることです。そして、これを繰り返すことで、〝自分にとって〟最大の成果が出る期間がわかります。

このように、ダイエットや記憶力向上など、**結果を数値化しやすいもの**には、レコーディングによるフィードバックが適していると思います。

動画や音声の活用

説得力のあるプレゼンや人に好感を持たれる話し方など、成果をなかなか数値化しにくいもののフィードバックには、学んだ内容を**実践している様子を録画・録音し、それをチェックする**方法が効果的です。

プレゼンの際のツカミ、話し方の抑揚、資料の見せ方など、本で読んだことをどんどん盛り込んで練習し、それを録画した動画を見ることで、学んだことをしっかり反映できているかが客観的にわかります。話をしているときにはちゃんとできていると思っても、他者の視点から改めて見てみると、思ったようにできていないということはよくあるものです。

自分で自分の出来栄えを判断するのが難しい場合には、お手本となる**モデルを設定する**という方法があります。

プレゼンの場合であれば、説得力のあるプレゼン動画などを見て、それと比較し、自分ができていないと思う点を埋めるよう、本での学びを実行していきましょう。

信頼のおける人にチェックしてもらう

何と言っても、最も客観的で有効なのは、**実績のある人、自分が信頼する人からフィードバックをもらう**ことです。

ダイエットや記憶力など、自分で数値化できるものは誰が結果を見ても同じですが、話し方や資料の作り方など数値化しにくいものは、最終的には実践の場で、学びに成果があったかどうか判断するしかありません。

その実践に至るプロセスで成長できているかを確認するには、やはり〝人の目〟が最適です。また、成長の確認だけでなく、的確なアドバイスをもらえる可能性もあります。身近にそのようなフィードバックをしてくれそうな人がいないか、探してみてください。

いかがでしょうか。

「読書によって成長する」ために不可欠な、「実行」と「フィードバック」。ぜひ今日からでも実践してみてください。

35

激推し！

本の内容を忘れないための記憶術

「せっかく本を読んだのに内容を覚えていなくて、仕事に生かせない……」

読書をする人であれば、ほとんどすべての人がぶつかる悩みだと思います。

どんなに素晴らしいことを学んだとしても、それをしっかり覚えていて実践できなければ、意味がありません。むしろ、読書に費やした時間がムダになってしまったとまで言えるかもしれません。

しかし、実際に本を読んでいるときにはそれなりに集中し、必要だと思った部分はメモを取っていたにもかかわらず、読み終わってしばらくしたらほとんどのことが記憶から抜け落ちてしまっているのは、なぜでしょうか。

それは、よくいわれるように「人間は忘れる動物」だからです。これは、「人は忘れっぽいから」という意味の比喩ではありません。脳の仕組みそのものが、人間の本能として、「生き延びるために重要な情報だけを覚えておく」ようになっているのです。

記憶には、**短期記憶と長期記憶**のふたつあるという話を聞いたことはあるでしょうか。五感から入ってきた情報は、まず脳の海馬にとどまります。これが短期記憶で、長い時間は保存されません。ここで、重要だと判断された情報が長い間記憶として保存できるよう、大脳皮質へと移動します。これが長期記憶です。

つまり、読んだ本の内容を忘れてしまうのは、長期記憶になることなく、海馬で捨てられてしまうからです。そして、なぜ捨てられるのか、すなわち忘れてしまうのかと言えば、本で読んだ情報は、少なくとも海馬にとって重要なものではなかったということです。

脳は記憶をどんどん捨てていく

海馬を記憶の仮の集積所、大脳皮質を本格的な記憶の倉庫と考えるとわかりやすいでしょう。集積所には絶え間なく、ありとあらゆる情報が集まってきます。それを全部大脳皮質に送っていたら、脳は、何が生き延びるために重要な情報なのかわかりません。かといって、いつまでも仮の集積所においていては、こちらも情報であふれかえり、新しい情報を入れることができなくなってしまいます。そのために、いらない情報はどんどん捨てていく＝忘れていくのです。

これが、本を読んでも忘れてしまう理由です。人間は文字通り、忘れる動物だったというわけです。

「そんなことはない。本の内容だって大切な情報じゃないか！」と思うかもしれませんが、海馬は、私たちの思いを考慮してはくれません。

では、どうすれば海馬が「これは重要な情報だ」と判断するのでしょうか。要素のひとつは、その情報が**繰り返し入ってくること**です。そうすれば、長期記憶されます。

これは日常生活でもよくある話です。頻繁に通っている、どうということのない定食屋の名前やメニューを忘れることはありませんが、数年前に旅先で入ったお店の名前や、何を食べたのかは、ほとんど覚えていないでしょう。そのときは「こんなにおいしいものは初めて食べた！」と感激し、今度また来ようと思っていたとしても、記憶からは消えてしまっているのです。

読書で学んだことを忘れてしまうのも、これと同じです。

「これはいい話だ」「ここは覚えておいて、ぜひ実践しよう」と、本を読んでいるその場ではすっかり理解したつもり、記憶したつもりになっていても、海馬はそうは判断していません。

言い方は悪いですが、1回だけ読んで重要だと思った情報よりも、毎日通っている定食屋のメニューの方が、海馬にとっては重要なのです。

そのため、覚えておきたい内容は**適切なタイミングで「復習」をする**のです。何度も繰り返して同じ情報を海馬に伝えることで、海馬はそれを重要な情報だと判断します。

記憶で大切なことは、気合いで覚えることではありません。一度読めば全部覚えてしまうという人もいるかもしれませんが、そのような人は例外です。私たちのような一般人は、適切なタイミングで本の内容を復習することが大切なのです。

効果的な復習のタイミング

ただやみくもに復習しても、あまり効果は上がりません。

実は、同じ復習をするにしても、タイミングによって効率よく記憶できる場合とそうでもない場合があるのです。

「エビングハウスの忘却曲線」をご存じでしょうか。これはドイツの心理学者であるヘルマン・エビングハウスが提唱した、無意味な単語を暗記した後の記憶時間の節約率を示し

エビングハウスの忘却曲線

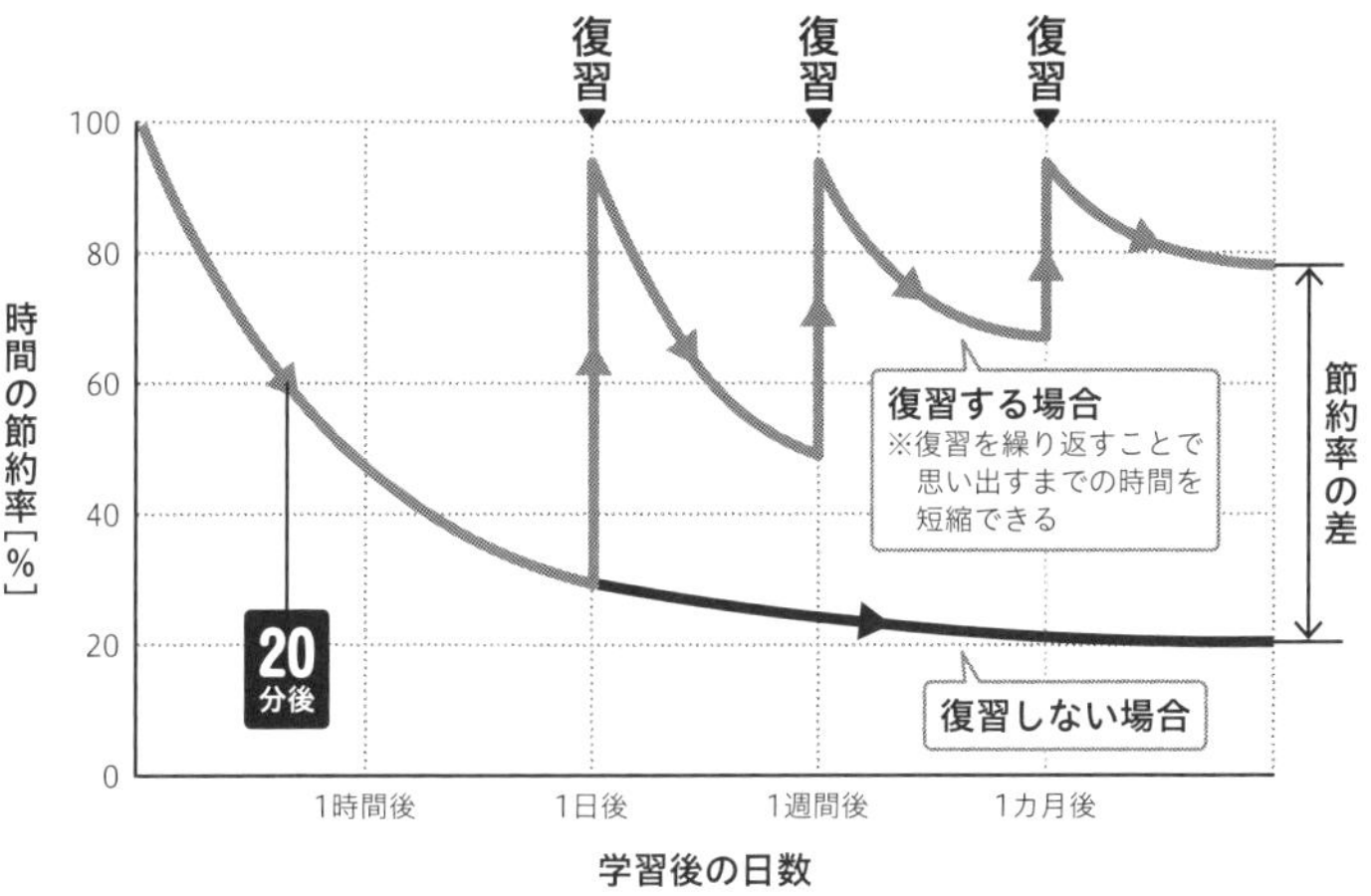

たものです。**新しいものを最初に学習した20分後には58%、1時間後には44%、思い出すまでの時間を節約できる**ことがわかっています。

思い出すまでの時間を節約できるということは、ある程度の記憶は残っているということです。さらに言い換えれば、1時間後には半分以上の記憶がなくなってしまっているということ。そう考えると、1回本を読んだだけでは何も覚えていなくて当然でしょう。

この忘却曲線を見ると絶望的な気分になりますが、別の考え方をしてみましょう。

忘れないためにはどうしたらよいか。それ

には、**忘れてしまうタイミングで新たに覚え直せばよい**のです。

覚える→忘れそうになる→覚え直す→忘れそうになる→覚え直す……というループを繰り返していくうちに、記憶が定着します。

復習のベストなタイミング（諸説ありますが）として代表的なものを、いくつか紹介します。

1週間後、3週間後、1カ月半後、3カ月後

これは**「拡張分散学習」**という方法です。なぜこれが効果的かという理由については、**「忘れてしまいそうなギリギリのタイミング」**で正しい記憶を呼び戻すことで、記憶の内容が印象づけられる」という仮説と、**「思い出そうとする労力**が大きければ大きいほど、記憶が定着する」という仮説があります。

ちなみに、復習の間隔が1週間後、2週間後……という具合に一定でないことには、理由があります。

1週間後に復習することで記憶が強固になるので、その次はもう少し間隔を空けて3週

間後に確認してみる。そこでさらに強固になるので、その次はもっと間隔を空けて、その次はさらに……ということを繰り返していくうちに、本の内容が長期記憶として定着すると考えられるからです。

ただし、この方法を成功させるためには、正確なことを必死に思い出そうとする必要があります。間違ったことを思い出しても、言わずもがな意味がありません。

1～2日後、7日後、16日後、35日後、62日後

こちらは、先の拡張分散学習の間隔を狭めて復習の頻度を上げたものです。ピョートル・ウォズニアックという学者が英語学習に関するデータを基にまとめた、最適な復習のタイミングといわれています。

拡張分散学習ではやや間隔が広く、正確なことを思い出すのは難しいと思う人は、このタイミングで復習してみるのがよいでしょう。

「読んでから最初の復習までの時間」:「復習から試験までの時間」＝1:5

これは純粋な読書というより、例えば会社からTOEICを受けるよう指示され、試験

のために英単語を覚えなくてはいけないといった場合に試してみるといいかもしれません。もし試験が6日後だとしたら、本を読んだら中一日で復習し、あとは等間隔で復習を繰り返すという方法です。

この場合、最初の復習タイミングは1：5で計算すれば簡単に求められますが、問題は等間隔の間をどのくらい空けるのかということでしょう。これは、拡張分散学習の場合を応用して、「覚えていられるギリギリのライン」とするのが、記憶の定着にはよいと思います。

どの場合でも同じですが、一度の復習だけで本の内容すべてを覚えるのは不可能です。地道に、しかしいいタイミングでの復習を重ねることで、読んだ本の内容をしっかり記憶できるようになります。

第４章のポイント

- ✓ アウトプットを前提とした読書をすると、記憶と理解が促進される
- ✓ 手書きでメモを取ると、インプットもアウトプットも効果が上がる
- ✓ ライブ配信で本の「感想」を話す
- ✓ ライブ配信を読書のペースメーカーにすることで、読書を習慣化できる
- ✓ 本の内容を人に説明することで、理解度が促進される
- ✓ 本の内容説明は、相手に合わせることが大切
- ✓ 読んでいる途中でも実践する
- ✓ 実践した内容を振り返って改善策を検討し、再度実行することが重要
- ✓ 結果を数値化しやすいものには、レコーディングによるフィードバックが適している
- ✓ 数値化しにくいものには、動画や音声を活用したフィードバックが適している
- ✓ 信頼のおける人からのフィードバックが最も有効
- ✓ 忘れてしまうタイミングが、適切な復習のタイミング

第5章

習慣化の技術

36

激推し！

読書を楽しむことから始める

「好きこそものの上手なれ」という言葉があります。では、なぜ好きなことだと物事が上達するのでしょう。

それは、もともと自分の性格や素質に合っていたものだからということもありますが、何より、「好きなことだから楽しんで続けられる」という点が大きいのだと思います。「継続は力なり」に帰結すると言えるでしょう。

私も、『YouTube図書館』をすでに3年以上、毎日続けています。ここで得られたものは、本当に計り知れません。何かを学ぼうと思ったら、コツコツと続けていくことが肝心です。

読書の習慣も同じです。毎日本を読み続けることで「本を読む力」がついていきます。

では、どうしたら読書が楽しくなり、習慣化できるのでしょうか。

ここでまず大前提になるのが、つらい読書を無理やり楽しくするのは難しいということです。学生のころ、苦手科目を勉強するのはなかなか気が進まなかったはずです。一方、好きな科目は楽しくて、どんどん取り組むことができたという人は多いのではないでしょうか。

読書もそれと同じです。

本書の読者の場合、そもそも本を読む目的は自分の学びにつなげるためなので、ビジネス書や自己啓発本などが読書の中心であると思います。しかし、そうなるとどうしても「勉強」の雰囲気が感じられてしまい、本を敬遠したくなってしまいます。

それでもがんばって読書を続けようという心構えがあれば、それは素晴らしいと思いますが、長く続けるのは難しいでしょう。

特に日本には、苦労してがんばることに価値があると考える風潮があります。決してそれは否定しませんし、歯をくいしばってがんばらなければいけないことも、世の中には確かにあります。

でも、せっかくなら、読書というよい習慣を、楽しんで身につけた方がいいはずです。

それこそ「好きこそものの上手なれ」です。

「読んで楽しい本」で読書習慣を身につける

そのためにまずは、自分の成長はさておき「読書が楽しくなり、習慣化できる」ことを目標にしてみるというのもひとつの方法です。

「楽しい読書」のためには、読む本はミステリー小説のようなフィクションでも、それこそ漫画でも構いません。**読んでいて楽しいと思える本を選んで読み始める**のです。

そして毎日、必ずその本を開いて、1ページでも2ページでもいいので読みます。漫画だったら面白くて一気に読んでしまうかもしれませんが、小説だとなかなか一気に読むのは難しいでしょう。何日かかってもいいので、毎日少しずつでも読み続けてください。

できれば、朝食の後、あるいは就寝前の数十分、通勤時間などのようにルーティン化するのが理想ですが、時間の空いたときで構いません。肝心なのは、本を開くことです。

そして、本を開いた日には、手帳などにマークをつけましょう。そうしているうちに、マークがどんどん増えていくことが楽しくなっていきます。つまり、**読書習慣をゲーム化してしまう**のです。マークが増えるということは、「自分は本を読めた」という成功体験になります。この成功体験を積み重ねていくことで、読書が習慣化していきます。

だんだん本を読むことに慣れてきたら、マークの種類を増やしてもいいかもしれません。10ページ以上読めたら○をつける、1時間以上読んだらハートマークにするなど、バリエーションをつけると楽しいでしょう。

そのうち、本を開かないとなんだか落ち着かないという日が来ます。そこまでいけば、読書が習慣化したといえるでしょう。そうしたら、興味があって読みやすそうなビジネス書を読んでみてください。きっと抵抗感なく、どんどん読めるようになっているはずです。

まずは無理をせず、楽しい本から読み始めること。これが、読書習慣を身につけるためのポイントです。

37 読書をする自分にご褒美をあげる

人は何かしら〝ご褒美〟があるとがんばれるものです。

「ボーナスが出たら、欲しかったあの服を買おう」「このプロジェクトが終わったら、有休を取って旅行しよう」といったように、**インセンティブ**があれば、そのためにがんばろうという気持ちになれます。

このような大きなものでなくても、「企画書をここまで仕上げたら、あのカフェの新作を飲む」などのように、ちょっとしたインセンティブを日常的に取り入れることで、モチベーションは上がります。

面白い本を選んではいるものの、なかなか本を読むのが楽しくならないという場合には、この方法を試してみてください。

インセンティブを与えるのは、どのタイミングでも構いません。

本を10ページ読んだら読書終わりのビールを飲むというのもいいでしょうし、あるいは毎日まとまった時間を取って読書をしているのであれば、休憩時間にはお気に入りのスイーツを食べるというのでも構いません。

なんでもいいので、目の前に人参をぶら下げておくことです。

インセンティブはリマインドするのが効果的

読書とインセンティブを結びつけてモチベーションを維持するのにいい方法が、**インセンティブをリマインドする**ことです。

アメリカのある大学で、次のような実験を行いました。

ふたつのグループに対して「一定歩数を歩くとインセンティブを与える」というものです。ただし、ひとつのグループにはインセンティブについて最初に一度伝えただけ。もうひとつのグループには、定期的にインセンティブについてメールでリマインドしました。

「リマインドなどしなくても、せっかくもらえるインセンティブを忘れることはないだろう」と思うかもしれません。しかしなんと、実験開始後14日経過した時点で、リマインドメールが届くグループは、そうでないグループと比較して20％も多く歩いていたそうです。

長い距離を歩いたからといってインセンティブが増えるわけでもないのに、距離が伸びたのは不思議だと思いませんか？

これは、**インセンティブを意識することで、モチベーションが向上する**ということを示しています。

この方法を、リマインダーアプリなどを利用して毎日の読書習慣に取り入れるのです。

例えば、毎朝起床時間に合わせて「おはよう！　今日も10ページ読んでラテを飲もう！」といったメッセージが届くようにする。あるいは、「昨日より多く読めば、ちょっと豪華なランチを食べてOK！」など、少しずつでもパフォーマンスを上げていくような仕掛けをしてみましょう。

肝心なことは、いつでもインセンティブを意識できるようにしておくことです。

そして、少し読書のハードルを上げるときには、そのためのインセンティブの内容も豪華にすると、モチベーションの維持に効果があります。

例えば、「この日までに○○を読み終えたら、一晩ホテルでのんびり過ごす」など、少し贅沢なことにして、それをリマインドすることで、モチベーションを維持するのです。

何の動機づけのないまま「学びになるから本を読め」と言われても、なかなか続かないと思います。先に楽しみがあるから本を読むのです。

そしていずれ、本を読むこと自体が楽しい習慣になっていきます。習慣づけの方法は、考えようでいくらでもあります。ぜひいろいろと試してみてください。

38

激推し！

普段の習慣に読書を重ねる

読書習慣を身につけるにあたり、大切なことは読書の時間をつくることです。「何を当たり前のことを」と思われるかもしれませんが、実はここで挫折してしまう人は少なくありません。

本を読むためにはまとまった時間が必要だと考えて、なんとか普段より早起きして1時間くらいの空き時間をつくってみたり、あるいは帰宅後ののんびりした時間を少し縮めて読書にあてたりしようとしても、思っているほど簡単なことではありません。長年の日常習慣を変えるというのは、なかなか難しいことなのです。

読書の話とは関係ありませんが、禁煙のことを考えてみてください。今では喫煙者が減ってきたのであまり話題になりませんが、かつては特に、禁煙は非常に強い意志力が必要だといわれていました。今でも、病院に行って禁煙の処方をしてもらう人もいるくらいです。

たばこの場合は単なる「習慣」とは少し違う部分もありますが、読書のように、今までしたことのない、どちらかといえば苦手なことを、一発逆転的に大きな変化を狙って習慣化するというのはかなり困難なことです。

「ながら読書」「小さな読書」を続ける

習慣化を成功させるためには、**普段している何らかの作業や行動に、読書を紐づけてしまう**ことです。

無理に読書専用の時間をつくっても、初めのうちはともかく、いずれ「せっかくの余暇を読書にあてるなんて……」となり、読書習慣が身につく前に、そもそもの読書をしなくなってしまうでしょう。

そのため、初めから無理をするよりも、まずは**「ながら読書」**をしてみるのがおすすめです。

本はどこでも読めるので、目が覚めてから夜寝るまで、極端な話、ページをめくる手と文字を読む目が空いていれば、本を読めます。そのようなタイミングのうち、現実的に本を読めそうな場合には「このときには本を読む」とルール化してしまうのです。


ここで、今日一日を振り返ってみてください。食事や身支度など生活に必要な時間、仕事をしている時間、その他の自由時間などいろいろ思い起こされるでしょう。

読書の時間として一番わかりやすいのは、**通勤時間**です。電車やバスに乗っている時間は、まさに有効活用できるスキマ時間、ゴールデンタイムです。この時間を、スマホでゲームをしたりぼんやりとSNSをながめたりしていてはもったいないです。ぜひ通勤時間には読書をしてください。


もっとも、最近ではコロナの影響でテレワークが普及した結果、通勤はほとんどないという人もいるかもしれません。そのような場合には、**仕事の休憩**に、読書をくっつけてみてください。スマホをいじるのをやめて、少しでもいいので本を手に取りページをめくってみましょう。

あるいは、朝起きたらまずコーヒーを飲むという人であれば、そのとき一緒に本を読んでみるというのもいいでしょう。

要は、**「○○をしているときには同時に読書もする」ということを習慣づけ、体に覚え込ませてしまう**のです。そうすることで、条件反射的に読書に取り組むようになります。

そしてこのような〝小さな読書〟を続けていくことで、「自分でも本を1冊読めた」という成功体験につながり、やがてその読書習慣は本当のものになっていきます。

本は机に向かって居住まいを正して読むものばかりではないのです。それを覚えておいてください。

39

読書のコミュニティをつくる

人は環境に左右される生き物です。

私は大学入学と同時に、公認会計士になるために専門学校に通い始め、朝の6時から深夜0時まで3年間、本当に一日も休むことなく、ひたすら勉強を続ける日々を送っていました。

これは、専門学校には同じ目的を持ってがんばっているたくさんの仲間がいたからだと思います。大学の同級生は、サークルや飲み会、友人との遊びなどで学生生活を満喫していたので、もし専門学校の仲間がいなかったら、私もそこまでがんばることはできなかったかもしれません。

私の場合は少し極端かもしれませんが、何かをしようと思ったとき、よきライバルとなる仲間はとても大切な存在です。「ひとりでする読書とどういう関係があるんだ？」と思われるかもしれませんが、読書でも、実は同じことなのです。

本を読み慣れている人の間で開かれている「読書会」というイベントがあります。これは、1冊の本をテーマにしてみんながその本を読み、そこから学んだこと、感じたことを話し合うというものです。自分では想像もしなかったようなものの見方や意見が多数出ることも多く、非常にたくさんの学びや気づきを得られます。

そこでおすすめしたいのが、**読書仲間をつくる**ことです。

難しい本を取り上げて話し合う必要はありません。自分と共通する関心事がある人たちに呼びかけ、読んだ**本の感想を話したり、読みたい本を紹介し合ったりするだけで、十分な刺激になります**。

ちなみに、その仲間の絶対条件は**「互いに高め合いたいと思っている人」**です。飲み友達なら、不平不満や愚痴、冗談を言い合える人でもいいかもしれませんが、こと学びについては、はっきり言ってしまうと、努力をしない人や意識の低い人は、選ぶべきではありません。冒頭で言ったように、人は環境に左右されるもので、どうしてもラクな方へ、ラクな方へと流されてしまいます。

そのため、会社の同僚や同級生などで、同じような意識を持ち、向上心があっていい影響を与えてくれる人に声をかけるべきです。

また、レベル的には、現在の自分と同レベル、あるいはそれよりも少し上くらいの人がよいでしょう。

たとえ向上心のある人でも、自分よりあまりにもレベルが低い人の場合、自分自身の成長につながらず、モチベーションも上がりません。反対に、あまりにもレベルが上すぎる人では、自分がついていけず、先ほどとは逆の意味で自分の成長につながらないからです。

「見られている」意識が成果につながる

もうひとつのコミュニティの効果としては、**「モニタリング」**があります。モニタリングとは、「見られている」という意識です。読書仲間から、「ちゃんと本読んでる?」など、たまに声をかけてもらうということです。

何かを習慣化するためにモニタリングはとても有効な方法であることが、ハーバード・ビジネス・スクールの実験でわかっています。子どもたちに手洗いの習慣を身につけさせるには、モニタリングとインセンティブのどちらが有効なのかを調べるものです。
集団をふたつに分け、モニタリングチームには毎日何回手を洗ったか報告させ、もうひとつのインセンティブチームは、手を洗っていればおもちゃや食べ物などをもらえるようにしました。

この実験は、モニタリングチームの方が多く手を洗っているという結果で終わりました。しかし驚くべきことに、実験終了後に追跡調査をしたところ、インセンティブチームではほとんど手洗いの習慣がなくなっていたのに対し、モニタリングチームの方は、**そのまま手洗いの習慣が残っていた**というのです。

読書習慣を身につけるために仲間を見つけることは、いろいろな意味でプラス面が多いのです。

40 「読書してます」宣言をする

「退路を断つ」という言葉があります。

「あとに引けない状況を自らつくり出す」という意味ですが、読書の習慣をつけるためには効果的な方法とも言えます。

もっともこの方法は、まだあまり読書に慣れていない人がやると逆効果になってしまうかもしれないので、ある程度本を読む習慣ができている人向けの方法です。

読書において「あとに引けない状況をつくる」というのは、他の人に自分が本を読んでいること、そして読書に関連して何らかの行動をすることを宣言してしまうことでしょう。

・家族に向けて、毎週1冊本を読むことを宣言する

・友人と一緒に読書会を開催する
・会社の同僚に「○○までに本を読んで勉強したことを発表する」と約束する

などいろいろありますが、ひとつおすすめなのが、ブログなどで読書の記録を公開することです。

ブログでの「読書宣言」が効果的な理由

「本を読むだけでも大変なのに感想を書くなんてとても無理」と思うかもしれませんが、手間のかかることをやる必要はありません。

新しい本を読むことにしたら、その読み始め、読んでいる途中の進捗、そして読み終わったときに、○や△など簡単な評価をするだけでも十分です。

知り合いにこの話をしておけば、「誰かが自分の読書記録を見ている」という意識が芽生えます。すると、本を読まずに放置しておくわけにもいかなくなるでしょう。

また、読書にチャレンジしていることに対する応援メッセージをもらえたり、おすすめ本の紹介をされたりするかもしれません。

さらにブログであれば、面と向かって誰かに宣言する場合と比べて、ネットを介している分、相手との距離感もある程度保たれます。

肝心なのは、**自分が本を読んでいることを自分以外の誰かに、ほどよいプレッシャーを感じながら知ってもらう**ことです。

最初のうちは、読了した本も少なく、また反応もあまり感じられないため、「退路を断った」ことになるのかわからないかもしれません。

しかし、時間がたって読んだ本の冊数が増えていけば、いつの間にか読書家の仲間入りとなっています。ゴールはあくまでも、「読書の習慣化」なのです。

ただ、ここで注意しておくべきは、決して見栄を張って自分のレベルに合わない本を選ばないということ。読み始めたものの難しくて途中で挫折してしまうと、それが負の経験になりかねません。

「退路を断つ」のは、あくまでも自分の読書の記録を公開することが目的であって、みんなから「難しい本をたくさん読んでいてすごい！」とほめてもらうためではありません。自分の学びが深まれば、読む本のレベルは自ずと高くなっていきます。

まずは、本を読み始めたということをみんなに宣言する。そこからスタートして、無理のないペースで進めていきましょう。

激推し！

41 「読書に適した時間がある」ことを知る

読書を習慣にするためには、本をいつ読むのかという〝時間〟も大切です。

前述したように、移動のときや、仕事中のちょっとした休憩などのスキマ時間に本を読むのは、もちろんおすすめです。ただし、頭の冴えているとき、あるいは意識しなくても高い集中力を保つことができる時間に本を読めば、理解も深まり、読書を楽しめるでしょう。

楽しさは、習慣化の重要な要素です。仕事や他の勉強で頭が疲れていて、ちょっとつらいと感じるような時間帯に無理やり読書をするより、頭がクリアなときに読書をする方が精神衛生上もいいです。

では、頭が冴えている時間とはいつなのかといえば、それは午前中です。

特に重要なのが、「プラチナタイム」と呼ばれる、目が覚めてからの15分間です。この時間帯は自分の心にスタートダッシュをかける時間なので、どう過ごすかで、その日一日が決まってしまうと言っても過言ではありません。

「この時間は本を読む時間にする」という強い意志のある場合なら、15分の間に本を開いて、とにかく読み始めてみてください。

最初のうちは、寝起きということもあってぼんやりしているかもしれませんが、慣れてくれば頭もすぐにクリアになり、書かれていることが染み込むように頭に入ってきます。

こうなれば、頭は読書モードです。仕事や学校のための、朝の準備を始める時間まで、頭がクリアな状態で本を読んでいられるでしょう。

朝型が人間の生理にかなう理由

なぜこの時間帯は頭が働くのでしょうか。それは、原始時代の名残といわれています。

当時の人間は、過酷な自然環境のみならず、自分たちを襲ってくる危険な動物など、日々さまざまな危険にさらされていたことは想像に難くありません。中でも、食料や水の確保は最重要課題だったはずです。特に狩猟で暮らしていた縄文人にとって食料の不足は、まさに死活問題です。獲物を取れない日が続いたら、確実に餓死してしまいます。

そのため、空腹時には、獲物を取れるチャンスを逃さないように五感が鋭敏になり、頭も冴えわたっていたはずです。

その名残が現代人にもあり、目が覚めてから朝食を摂るまでの数時間のような空腹の時間は、脳の働きがよくなっているのです。

つまり、午前中に読書をすることは人間の生理にかなったことであり、この時間帯をぼんやり過ごしていては非常にもったいないのです。

もっとも、仕事や勉強の準備など、朝の時間帯は一日の始まりとあって、なにかと忙しいのも事実です。その中で読書の時間を確保するために最善な方法は、身も蓋もありませんが、**朝、早起きをする**ことです。

私は公認会計士の受験生時代、毎朝6時にはカフェに行って勉強を始めていました。勉強時間をできるだけ長く確保するためには早い時間に起きなければいけなかったということもありますが、それだけでなく、朝勉強することでスタートダッシュがかけられ、**「今日も一日がんばろう！」というモチベーションを維持できていた**という面もあります。

私以外でも、資格試験受験生の間では、朝早くに起きて勉強を始める「朝勉」が一般的です。これは、どうしても9時くらいから夜までは仕事や学校などがあるため、午前中しか時間が取れないという現実的な理由だけでなく、朝が最も頭がクリアだということもあります。

もちろん、早起きを実践するためには、その分、夜は早めに寝る必要があります。寝不足の頭でがんばるのはどうしても限界があると、容易に想像がつくでしょう。

午前中のクリアな頭で読書をするためにも、朝型の生活を心がけてみてください。

42 完璧主義をやめる

読書に限った話ではありませんが、新しい習慣を身につけようとしたり、あるいは今までの習慣を改めようとしたりして失敗してしまう人はたくさんいます。

例えば、禁煙やダイエットなどは、多くの人が挫折していて成功する人が少ないために、うまくいくとひとつの話題になるほどです。

失敗してしまう理由はどこにあるのでしょうか。

「意志が弱い」「目標が高すぎた」など、いろいろな意見があると思いますが、大きな原因のひとつとして見逃せないのが、「その人が完璧主義だった」ということです。

「完璧主義じゃないから、途中で怠けてしまって習慣化できなかったのでは？」と思われるかもしれません。

もちろん、単なる怠け癖のために習慣になる前にやめてしまう人もいると思います。しかし、決して怠け癖があるわけではない完璧主義の人が、なぜ習慣化できないのかといえば、「〜をしなければならない」という思考を常に持っているからです。

特に、完璧主義の人は目標そのものを高めに設定しがちです。読書習慣の例でいえば、「毎日1章分を読んで、1週間で1冊読み終える」など、〝読書を習慣化する〟という初心者的なレベル感ではなく、少し難しいのではないかと思われるハードルを設け、それに邁《まい》進しようとするのです。


確かに、困難にチャレンジすることは悪いことではないし、高いハードルを越えようとする気構えも大切です。

しかし、人間とはそもそも弱い生き物です。最初は意気込んで取り組んだ計画も、体調を崩したり、仕事が忙しかったりして実行できない場合もあります。それが1、2回ならともかく、何回か続いてしまうと、完璧主義の人は「せっかく計画を立てたのに失敗してしまった……」と重く受け止め、挫折。そして、期待していた習慣化はできずじまいということになってしまうのです。

目標を下げる勇気

そのような事態への対処法は簡単です。現実的には目標が高いと思ったら、潔く見直して、継続が可能なレベルまで目標レベルを落とせばいいのです。

高い目標を掲げ、それを習慣にしようとしても、実現できないのでは意味がありません。それよりも、多少低めの目標でも達成して習慣化する方が大切です。

そして、もしそれすらできそうもなければ、さらにレベルを下げてもいいので、**とりあえずやること**です。例えば「本を1ページ読む」ことを目標にしていたのであれば、1段落でも1行でもいいので、本を開いて少しでも読めばそれでよし、と考えましょう。

習慣化に大切なのは、「何を成し遂げたか」ではなく**「自分はこれを続けることができた」という達成感**であり、自己肯定感を得ることです。

そのためには、**達成したことを目で見てわかるようにしておく**という方法もいいと思います。

例えば、大きめの紙を用意して、本を1行でも読んだら青いシール、1ページ読んだら黄色、それ以上なら赤いシールを貼っていく。こうしていくうちにどんどんシールが増え、自分は本を読んでいるという実感を得られ、レベルアップしていく楽しさを感じられるでしょう。

習慣化の第一歩で大切なのは、レベルの高いことをやることではありません。どんなに簡単なことでもいいので、それを継続していくことです。そして、途中でうまくいかなくなったら、柔軟に軌道修正をすること。

肩肘張らず、気楽に読書習慣を始めてほしいと思います。

第５章のポイント

- ✓ まずは読んでいて楽しい本から読み始める
- ✓ 読書ができたらご褒美を自分にあげる
- ✓ インセンティブはリマインドすることでモチベーションが向上する
- ✓ ながら読書で、習慣化が楽になる
- ✓ 互いに高め合える読書仲間をつくる
- ✓ ブログなどで読書の記録を公開する
- ✓ 目が覚めてからの15分間は、読書に適したプラチナタイム
- ✓ 完璧主義をやめて、達成できる目標レベルにする
- ✓ 習慣化の達成を目で見てわかるように記録しておく

第6章 集中の技術

43

激推し！

「集中の質」を上げる環境づくり

「自分には集中力がない」という人はとても多いですが、それは単なる時間的な問題かもしれません。

前述した通り、人間の集中力は（もちろん個人差がありますが）、短い場合で15分、長くても30分くらいだといわれているためです。

ただ私は、集中できている時間の長さより、むしろ「どれだけ集中できているか」という、いわば集中の質を高めることの方が大切ではないかと思っています。

読書について言うなら、気もそぞろな状態で2時間本を読み続けても、正直、なかなか頭に入ってこないし、記憶にも残りにくいでしょう。むしろ、短時間の集中した読書の方が理解も深まると思います。

そのために必要なのが、読書のための環境づくりです。

「環境」といっても、だいそれたものではありません。わざわざ書斎をつくる必要もありません。本を読むときに、身の回りを少し整理することで、意識を本に集中させられ、かつ読書効率が向上します。

その方法をいくつか紹介しましょう。

視界を整える

『産業教育システム機器便覧』によると、人間が外界から情報を得る際に使う五感の割合は、**視覚83％、聴覚11％、嗅覚3.5％、触覚1.5％、味覚1.0％**となっていて、ほとんどの情報は視覚から入ってくることがわかります。読書も、オーディオブックなどで朗読を聞く場合でなければ、基本的に視覚から情報を得ることになります。

つまり、本を読むときに本以外のものが視界に入っていると、脳はそちらからの情報も処理しようとするため、本の内容に集中しづらくなってしまうのです。

そのため、本を読むときには、とにかく**目の前に本以外のものがない状況にしてしまう**

のがベストです。

机に向かって読むのであれば、ＰＣや書類などは視界に入らないところに片づけ、手元にはせいぜい、メモをするときの筆記用具や、気になった部分に貼るふせん程度のものがあれば十分です。

特に、**絶対に視界に入らないようにしておくべきものはスマホ**です。たとえ**マナーモードにしていたとしても、視界にあるだけで集中力がそがれる**ことが、米国テキサス大学の研究でも明らかになっています。

仕事や学校などもあり、おそらく、一日の中で机に向かって本を読む時間は、どんなに長くともせいぜい１、２時間でしょう。

そのくらいの間、誰とも連絡を取らなくても、またＳＮＳを見なくても、不都合が起こることはめったにありません。「万が一の不都合」のことを考えるよりも、目の前の読書に集中する方がよほど生産的です。

ヘッドフォンで周囲の音をさえぎる

人によっては、音が聞こえると集中できないということがあります。家の中に一人でいるときには音が気になるということはあまりないでしょうが、カフェでの他人の話し声や、あるいは図書館であっても、仕事をしている人のタイピング音や文字を書くときの音が気になってしまうということもあると思います。

そのようなときには、ヘッドフォンで外界の音をさえぎってしまいましょう。ノイズキャンセリング機能がついたヘッドフォンであれば、完全に自分だけの集中モードに入ることができます。

アロマを活用する

五感の中で最も影響力があるのは視覚というお話をしましたが、実は嗅覚は、人間の脳に直接働きかけるので、とても大きなパワーがあります。あなたも、何かのにおいをかいだときに、突然昔のことを思い出したりすることがあると思いますが、それが嗅覚の力です。そしてその力を「集中」に活用できるのが、アロマです。

アロマの中で、集中力や記憶に効果があるといわれているのが、**ローズマリー**です。脳の神経を活性化させる作用があるので、まさに読書には最適です。

人間は環境に左右される生き物だからこそ、いい環境を整えればいい結果も出やすくなります。手軽にできることばかりなので、ぜひ快適な読書環境を整えてみてください。

44 みんなが読書している環境で読む

本は、紙の本にせよ電子書籍にせよ、手軽に持ち運べて、どこでも読めることが最大の利点です。

場所を選ぶことなく、質の高い学びが可能になるというのは、まさに本ならではでしょう。

だからこそ私は、集中した読書をするだけでなく、スキマ時間を活用して、場所を選ぶことなく読書することもおすすめしています。移動の時間や人を待っている時間、食堂などでの食事の待ち時間など、スキマ時間を積み重ねていけば、1時間程度の読書時間を確保するのはそれほど難しいことではないからです。

ただ、どうしてもスキマ時間では本を読めない、集中できないという人もいるかもしれません。特に、まだあまり本を読み慣れていなかったり、少し難しい本を読んでいたりする場合だと、周囲のことに気が散ってしまい、本に集中できないという場合もあるでしょう。

そのような場合には、あえて自分を追い込んでみてください。

日常生活の場、例えば電車の車内などは、今では9割以上の人がスマホをいじっていて、本を読んでいる人はごくたまに見かけるくらいでしょう。なので、本を読んでいる人しかいない状況に自分を追い込んで、否が応でも読書をするのです。

「そんな場所があるのか？」と思われるかもしれませんが、あなたの身近にある図書館がその場所です。

図書館の「同調圧力」を利用する

図書館に来る人は、基本的に本を借りる、あるいは読みに来ています。そのような場所であれば、いくら本が苦手だといっても自然と本を開いてしまうはずです。

これは心理学の分野で「**観察学習**」と呼ばれるもので、簡単に言うと、**観察対象者の行動を見ていることで、本人も同じ行動を取るようになる**というものです。

これを図書館の例にあてはめれば、周囲にいる読書をしている人たちを見ているうちに、自分も本を読み始めるということになります。

想像してみてください。

図書館の椅子に座って周りを見回すと、全員静かに本を読んでいます。たまにスマホをいじっている人もいますが、用事がすむとスマホを置き、また本を手に取って読み始める……。

そのような環境の中で、ひとりずっとスマホを手に、ゲームをしたり、SNSのチェックを続けたりできるでしょうか。なかなか、やりづらいと思います。

この現象には、ミラーニューロンという神経細胞が関わっているのではないかといわれています。要は、他人の行動を見て、**まるで鏡に映っているかのように、自分も同じ行動を取る**よう神経細胞が働きかけてくるというのです。

もしそれが、通常の神経の働きなのだとすれば、それを使わない手はありません。

もともと、日本人は同調圧力に弱いといわれます。本来、それはあまりポジティブに捉えられることはありませんが、ここではあえて逆手に取って、同調圧力におされる形で集中して読書に取り組んでみてください。本を読み始めるものの、すぐに飽きてしまうという人にも、図書館の利用はおすすめです。

どうしても気が散りがちなスキマ時間での読書よりも、はるかにしっかりと、本に書かれていることを自分のものにすることができると思います。

激推し！

45 好奇心を活用する

なかなか1冊の本を読み切ることができない理由として、「興味、関心が続かない」ということがあると思います。

しかし、どんな本であっても、購入したときには、「こんなことが知りたかった」「この本を読んで今の問題解決につなげたい」など、ワクワクしながら本を開いていたはずです。

「読書は楽しむことから始めてください」と前述したように、その気持ちがあれば、いつまでも楽しく本を読み進めることができるでしょう。

では、興味関心を続かせて1冊の本を読み切るためには、どうしたらよいでしょう？

答えは、**本を購入したら、そのテンションのうちにどんどん読み進めていく**ことです。

「そんな単純なことなの？」と言われそうですが、「鉄は熱いうちに打て」という言葉を思い出してください。
ワクワク感、期待感を持った状態で読み進めれば、読書のモチベーションを保つことができるのです。

人は、何かに向かって努力を続け、その結果、成果を得られると、脳から「快楽物質」と呼ばれるドーパミンが分泌され、満足感や達成感、幸福感を得られます。
例えば、フルマラソンを走る人は、傍から見ると「なんであんなにつらそうなことをするのだろう」と思いますが、完走後に、ドーパミンの分泌によって得られる心地よさを味わいたくて、次から次へといろいろなレースに出るのです。

また、このドーパミンは、新しいことを始めようとするときにも、その達成に対する期待感を抱くことによって分泌されます。つまり、新しい本を手に取って「さあ、この本を読んで営業成績トップを目指すぞ！」と思っているときにはドーパミンが分泌されているので、その状態で本を読み始めれば、苦痛を感じることもなくどんどん読み進めることができるというわけです。

読書のモチベーションが落ちてきたときの対処法

ただ、本を買ったときには盛り上がっていた読書欲が、時間の経過とともにだんだん落ち着いていくのも、当然あることです。

その結果、途中で読むのをやめてしまった本を、「やはりもう一度読もう」と思ったときには、**購入時のワクワク感を取り戻す**のが効果的です。

そのためには、本を最初から全部読み直そうとするのではなく、**自分にとって必要だと思うところだけを改めて見出しから見つけ、その部分を集中的に読んでみてください。**次第に、読むことが苦痛でなくなっていくはずです。

それは、擬似的に本の購入時にメンタルをリセットしたことで、再びワクワク感を取り戻せたからです。途中で読むのをやめてしまった本や、買ったまま積読になっている本が多い人は、まずは興味を持てるところだけを読んでみてください。

もうひとつ、モチベーションが落ちてきたなと思う場合でも読書を続けられる方法は、

キリの悪いところで中断することです。

「今日はこの章を読み切ろう」など、キリのいいところまで読み進めるのが一般的ですが、例えば30分だけと読書時間を決めておいて、30分たったら、強制的に本を閉じてしまうのです。そうすると、中途半端に終わってしまったことが気になり続け、また本を開いてしまうというわけです。

この中途半端なことが気になり続けることを、心理学では**「ザイガルニック効果」**と言います。

「中途半端だからこそ読む意欲が湧く」というと、なんとなく逆説的な気がしますが、どのような方法でもモチベーションが維持できるのであれば、問題ありません。

読み続けるのがつらくなってきたような本があったら、あえて区切りの悪いところで読むのをやめてみるというのも、好奇心を維持するためには効果的です。

46

音楽は読書に不要

お気に入りの音楽を聞きながら、コーヒーを片手に本を読む――。

何かの広告に使われそうな光景ですが、実はこのようなスタイルは、特に学びにつなげたい場合の読書には、まったく不向きです。

コーヒーはカフェインの効果もあるので読書に合った飲み物だと思いますが、問題なのは音楽です。**音楽を聞きながらの読書は、集中力も理解度も落ちます。**

そもそも、音楽を「聞き流す」ということはありません。

音楽に限らず、聴覚が刺激されれば、脳はそれが何かを聞き取るべく、リズムやメロディを理解しようとがんばり始めます。するとどうなるか。簡単に言えば、本を読んで理解、記憶しようとしながら、同時に耳に入る音楽についても処理をしていることになります。

読書だけをしているとき以上の大きな負担がかかるのです。

これでは当然、読書にいい影響があるはずもありません。実際に、内容の理解度は落ちています。

以前、「モーツァルトを聞くと頭の回転が早くなる」と話題になりました。これには賛否両論、侃々諤々《かんかんがくがく》の議論があったようですが、残念ながら科学的な裏づけはないようです。同様に、「集中できるクラシック音楽」といったプレイリストもありますが、これも残念ながら科学的にはあり得ない話です。

「そんなことはない。音楽を聞きながら本を読むとどんどん読める」という人もいるかもしれませんが、それは勘違いです。

自分の好きな音楽を聞くと、確かにモチベーションが上がり、ポジティブな気分になります（「泣ける歌」の場合には、そうはならないと思いますが……）。そのように、いわば高揚した状態で本を読むので、効率のいい読書ができているように錯覚しているのです。

そもそも、自分の好きな音楽が流れてきたら、どうしてもそちらの方に意識がいき、気が散ってしまうでしょう。その点でも、音楽はマイナス要因になってしまうのです。

読書の効率を上げる音楽の活用法

ただ、読書の効率を高める音楽の聞き方もあります。

例えば、集中して本を読んだり勉強したりしていると、本当に音楽が聞こえなくなるという人はいると思います。**読書に集中するためのスターターとして音楽を活用**する意味はあるでしょう。

本を読む前に音楽を聞いて、モチベーションが上がったところで音楽を止めて、静かな環境で読書をするのです。

先ほど「音楽を聞きながら本を読むと効率がよくなったように感じる」という話をしました。これは単なる勘違いであることは理解していただけたと思いますが、そのときのモチベーションが高まった感情をうまく利用するというわけです。

プロのスポーツ選手は、試合前に好きな音楽を聞いてモチベーションを高めていますが、それと同じことです。

誤解しないでほしいのですが、私は音楽に意味がない、聞かない方がよいと言っているわけではありません。音楽には、人を勇気づけたり、落ちつかせたり、癒やしたりしてくれる優れた力があります。

ただ、何かの目的を持って読書をする場合に、そのような音楽を聞きながらというのは、効率的ではないということです。

ぜひ音楽を上手に取り入れて、読書のパフォーマンスを上げてほしいと思います。

47

読書の効果を上げる〝音〟

「音楽は集中力の妨げになるので、読書には不向き」ということを話しましたが、「そんなことはない。自分はカフェのようなざわざわした場所の方が落ち着く」という方がいるのも事実です。

実際、私も公認会計士の試験勉強をしていたころは、毎朝6時に近所のカフェに行って決まった席に座り、玉子サンドを食べてアイスティーを飲みながら勉強していたので、その意見はよくわかります。

もっとも私の場合は、カフェの方が落ち着くというより、家では勉強する気にならなかったからというのが正しいのですが。

それはともかく、音がしないと逆に集中できないという人は、無理をしてまで無音に慣れる必要はありません。ただし、活用できるのは音楽ではなく、あくまでも「音」です。音と集中力については、まさに人それぞれというべき点があるからです。

このような、音が聞こえた方が集中できるという人には一定の傾向があることが、スウェーデンのストックホルム大学の実験によりわかっています。

被験者の学生を、一定の指標によって「注意力が散漫」とされたグループと、そうではないグループに分けます。そして、無音の場合と、あらゆる周波数の成分を均一に含んだホワイトノイズ（テレビの砂嵐のような音をイメージしてください）を聞かせた場合に、学習効果に違いが出るかを調べました。

すると、何も音がしない場合にはグループ間に差がないにもかかわらず、**ホワイトノイズを聞かせると、注意力散漫とされたグループでは成績が上がり、そうでないグループは成績が下がった**のです。

注意力散漫というと聞こえが悪いかもしれませんが、自分のことを「勉強や読書をしていてもすぐに集中力が落ちる、いわゆる飽きっぽい性格」だと思っている人は、無音環境よりもむしろ、適度な騒がしさがあるカフェのような場所で読書をするのがおすすめです。最近は集中力が高まるノイズを聞けるアプリもいろいろとあるので、それを試してみるのもいいでしょう。

万人に効果のある〝音〟

一方、人によって向き・不向きのあるノイズと違い、誰にでも効果がある音があります。それは、水の流れる音や鳥の鳴き声などの**〝自然音〟**です。

これも、ある実験の結果、その効果が実証されています。

被験者に5分ほど自然音を聞かせたところ、その後で行った集中力テストでは成績が向上しました。これは、自然音を聞くことで脳がリラックスして集中力が高まった結果です。

コロナ禍ということもあり、一時期、旅先で自然に包まれながら仕事をする「ワーケーション」という働き方が注目されました。なぜわざわざ旅行先でパソコンを広げて仕事をしなければいけないのかという疑問も湧きますが、鳥のさえずりや川の流れる音があふれる環境で仕事をすると、集中できて成果も上げやすいのかもしれません。

ただし、このようにリラックス効果のある音を聞く場合、リラックスしすぎて脳が思うように働かず、読書よりも眠気にさそわれてしまうというリスクがあります。

そのため、最適なのは**緊張とリラックスのバランスがうまく調節できている状態**なのですが、自然音には、そのような状態をもたらす効用があるようです。

先ほどのノイズのように、自然音は、アプリやＹｏｕＴｕｂｅなどでいくらでも聞くことができます。ぜひ、試してみてください。

48 適度に運動する

コロナ禍でリモートワークや自宅学習が広がるにつれ、運動不足が指摘されるようになってきました。ちなみに、コロナ禍前のデータですが、令和元年の厚生労働省の『国民健康・栄養調査』によれば、運動習慣のある成人男性の割合は33・4％、女性で25・1％となっています。

この数字を多いと見るか少ないと考えるかは人それぞれだと思いますが、適度な運動をした方が健康によいのは、確かなことでしょう。

そして実は、適度な運動は読書にも効果的なのです。

そのためにまずおすすめしたいのが、無理のない範囲での軽いランニング。**走ることで分泌されるドーパミンを活用する**のです。

本を読もうと思うものの、ちょっと気分が乗らないときなどは、無理に本を開いてもモチベーションは高まらず、集中力も続きません。文字を目で追っても、頭の中には何も残りません。それでは、せっかくの読書もムダに終わってしまいます。

そのようなときは、本を開く前に、まず軽くランニングをしてみましょう。「ランニングなんてもう10年以上やっていないよ」という人もいると思いますが、そこは大丈夫。無理をする必要はありません。あくまでも読書のための頭のウォーミングアップです。ランニングだからといって気負わず、気楽に始めましょう。

動きやすい服と靴になったら、5分ほどゆっくり走ってみましょう。近所に緑の多い公園などがあればベストですが、そういったものがなければ、コースはどこでも構いません。ゆったりとした、軽く息があがるくらいのペースで走ってみてください。もちろん、途中で苦しくなったら無理をすることなく、歩いてもいいし、リタイアしても構いません。

肝心なことは走り切ることではなく、ポジティブな感情になれるようにドーパミンを分泌させることです。

そして気分が前向きになってきたら、そのまま本を開いてみてください。きっと面白いほどモチベーションも集中力もアップしていて、充実した読書を楽しめることでしょう。

ランニングは、このようにドーパミンを分泌させるだけでなく、有酸素運動なので体内に酸素をしっかり取り込めて血流もよくなり、結果、脳にもいい影響を与えます。

読書前の軽いランニング、ぜひ試してみてください。

「踏み台昇降」のすごい効果

また、読書の途中で飽きてきたり、眠気が襲ってきたりして気分転換が必要なときにも、体を動かすのがおすすめです。そのようなときに効果があるのが、屋内で手軽にできる**踏み台昇降**です。

眠気覚ましにコーヒーを飲む人は多いと思いますが、実は、踏み台昇降の眠気覚ましの効果がコーヒー以上であることは、米国ジョージア大学の研究で報告されています。

学生に言語能力や認知能力が必要な作業をしてもらいます。そして、日によって①カフエインを摂取する、②プラセボ（偽薬）を摂取する、③10分かけて30階分の踏み台昇降をするという3パターンの行動を取らせます。そのうちどれがモチベーションや作業効率向上に寄与するのかを調査したところ、③が最も効果的だったのです。

この実験ではややハードな踏み台昇降をしていますが、皆さんが読書の途中でやる分には、2分でも5分でも十分でしょう。

今の時代、踏み台を持っている人はあまりいないかもしれませんが、自宅やマンションの階段、しっかり縛って固定した古雑誌など、段差があれば大丈夫。健康づくりにも役立ち、読書の効果も上がるのなら、一石二鳥です。

49 適度な睡眠を取り入れる

本を読んでいたはずなのに、いつの間にか寝落ちしていた……とは、実によく聞く話です。

ベッドに本を持っていって、眠くなるまで読書をするという人もいるくらいですから、眠気と読書は切り離せない関係にあるのかもしれません。

こういう話をすると、「読書中に眠くなるなんて、本気度が足りないからだ」「本当に勉強するつもりがあるのか」と思われてしまいそうですが、私は、本を読んでいて眠くなったら寝てもいいと思っています。

例えば夜、眠いのを我慢してベッドの中で文字を追っていても、頭には入ってこないでしょう。それでは読書の成果を得られないだけでなく、寝不足になってしまいます。

寝不足は健康にとって非常に大きなリスクです。

ある調査では、睡眠時間が5時間以下の人は8時間前後寝る人に比べて、約1・59倍、肺炎になるリスクが高いという結果が出ました。また、日本人男性を対象とした自治医科大学の調査によれば、睡眠時間が6時間以下の人は7〜8時間の人に比べて、死亡率が2・4倍高くなるのだそうです。


少し話がそれましたが、寝不足で本を読んでも、それは「自分は眠いのを我慢して勉強している」という、単なる自己満足にしかならないのです。

眠くなったら本を閉じて寝ることを選ぶ、その選択も大切です。

疲れたら堂々と「昼寝」をする

睡眠の重要性は、夜に限ったことではありません。日中であっても、本を読んでいて、ちょっと疲れたなと思ったら昼寝をすることをおすすめします。

スポーツをしている人は、トレーニングの合間に、必ず休息を取ります。そうしなければ体に疲労が蓄積してしまい、そのままトレーニングを続けると故障につながるからです。

読書もそれと同じです。読書で疲れた頭は適切に休ませる必要があり、そのために有効なのが、昼寝なのです。

ある調査によれば、**「20分くらいの昼寝によって集中力がアップし、30分程度の場合は疲労の回復にも有効。そして40分以上の場合は、疲労していた脳の働きがもとに戻る」**といわれています。

昼寝によって学習能力や記憶力が回復することは、ドイツのザールラント大学の研究でも明らかにされています。

この研究では、被験者のグループにある単語を覚えてもらい、まず記憶した直後に1回目のテストを実施します。そして、最大で90分の昼寝をした後とDVDを見た後に再度テストを実施しました。すると、45〜60分の昼寝をした場合では、他のときと比べて最大で5倍の成績改善が見られ、しかも記憶直後のテストとも遜色のない成績だったそうです。

このように、昼寝の有効性は科学的にも立証されていて、実際日本でも、先進的なＩＴ企業などでは、社員が昼寝をできるようなスペースをつくっているほどです。

昼休みはさっとランチをすませたら、スマホをいじらずに少しでも本を読んで、眠くなってきたら昼休み終了の時間まで昼寝をするというのがスマートな昼寝の方法です。

ちなみに、「昼寝は20分くらいが最適。それ以上寝るとぼんやりしてしまい逆効果」という話を聞いたことのある方がいるかもしれません。これはおそらく、ＮＡＳＡがパイロットに26分ほどの睡眠を取らせたところ、睡眠前に比べて能力が約30％向上したという実験結果によるものだと思います。

しかし実際に、40分寝たからといって、頭がずっとぼんやりしているということは考えづらいでしょう。長時間寝すぎて他の仕事や勉強に影響が出ないように注意していれば、そのような心配をする必要はないと思います。

本を読んでいて疲れたなと思ったら遠慮なく寝てしまう。ぜひこのことを心がけてください。

50 適度な空腹がカギ

ここ数年、話題になっている「オートファジー」をご存じでしょうか？

「16時間断食」とも呼ばれている健康法のひとつで、「16時間食べ物を口にしないことで、古くなった細胞を新しく生まれ変わらせる仕組み」です。

これだと何のことかわからないかもしれませんが、具体的には次のような効用があると考えられています。

・免疫力の向上
・血管障害の改善
・肥満改善（ダイエット）
・体調不良や老化の改善

16時間、何も食べないだけでこれだけの健康効果があり、しかも断食時間以外の8時間は何を飲んでも食べても問題なし。ラクにできてダイエットにも効果的ということもあり、注目されているのです。

実は、私もこのオートファジーを実践しています。

16時間の断食をわかりやすく言えば、一日3食の生活を一日2食にするということなので、私は朝食を抜いています。例えば前日の夜8時に食事をしたのであれば、次の食事は16時間後の昼の12時になるというわけです。

慣れない間は、午前中など結構お腹が空いて困っていたこともありますが、慣れてしまうと案外平気なものです。

空腹で集中力を高める

さて、ここまでなぜ長々とオートファジーの話をしてきたかというと、これが健康にいいだけでなく、集中力を高める効果もあるからです。

現代人は、毎食、気づかないうちに多量の糖質を摂っていますが、これが血糖値の急激な乱高下を招き、その結果、メンタルが不安定になりがちです。オートファジーを実践すると、空腹の時間が長くなるので内臓がしっかり休まり、血糖値の変化もおだやかになります。その結果メンタルも安定し、物事に集中して取り組めるようになるのです。

また、リラックスモードの副交感神経が優位になることも、集中力向上の要因として挙げられます。

つまり、オートファジーで意識的に空腹な状態をつくることで、集中して本を読めるようになるということです。実際、私も空腹の状態で午前中に本を読んでいますが、体調も脳の働きも非常に好調です。

中には、空腹だとイライラしてしまって本を読むどころではないという人もいるかもしれません。それでもしばらく、続けてみてください。きっと、空腹による集中力向上を実感できるようになると思います。

そもそも、お腹がいっぱいのときは眠くなってしまい、読書をしようという気分にはならないのではないでしょうか。

健康になりたいし、読書で学びも深めたい。このふたつを両立したいと思う人は、ぜひオートファジーと読書の組み合わせを試してみてください。

ただし、オートファジーで体調不良などを起こしたら、すぐにやめて医師に相談してください。

第６章のポイント

- ✓ 読書するときは、目の前に本以外のものがない環境にする
- ✓ ヘッドフォンやアロマも集中には効果的
- ✓ 周りの人が読書をしている環境で読書する
- ✓ 本を購入したら、そのテンションのうちに読み始める
- ✓ キリの悪いところで読書を中断するのも、集中力の持続に有効
- ✓ 音楽を聞きながらの読書は、集中力も理解度も落ちる
- ✓ 音楽は集中するためやテンションを上げるためのスターターとして活用するのがベスト
- ✓ 適度なノイズが集中に効果的
- ✓ 万人に効果があるのは自然音
- ✓ 適度に運動してドーパミンを活用する
- ✓ 踏み台昇降は、作業効率向上に効果的
- ✓ 20 分程度の昼寝によって集中力がアップする
- ✓ 適度な空腹は集中力を高める効果がある

epilogue
おわりに

「読書において、最も大切なことは何か」と聞かれたら、私は「それは学んだことをアウトプットすることです」と答えます。


あなたは本書で効率的なインプットの方法を知ることができたと思いますが、ただそれにしたがってインプットを続けているだけでは、意味がありません。

どんなにたくさんの投資の本を読んで知識を増やしても、それだけではお金は1円も増えないのと同じです。

アウトプットの章でもお話ししましたが、読書において最も重要なのは、本で学んだことを実行して、自分の生活を具体的によりよいものに変えることです。


ライフネット生命の創業者で、現在、立命館アジア太平洋大学学長の出口治明さんは大変な読書家として有名ですが、その出口さんも著書の中でこう言っています。

「何かを変えたいときに注力すべきは『意識』ではなく『行動』です」

出口さんは、もともと大手生保会社の社員でしたが、当時から営業ウーマンが主体である従来の生保販売のスタイルに疑問を抱いていたそうです。

しかし、そう思っているだけでは、何も変わりません。そこで出口さんは、自分の理想を実現するために出資者や協力者を探し始め、さんざん苦労しながらも、ついに、日本初のネット専業の生命保険会社であるライフネット生命の起業を実現したのです。

当然、出口さんには長年の経験の蓄積と第一線級の知識、ノウハウがあったはずですが、それだけでは保険業界を変えることはできません。知識やノウハウというバックボーンを基に行動を起こさなければ、何も変わらなかったはずです。

出口さんのようにスケールの大きな話ではありませんが、読書によって自分を変えるのも同じことです。

「学ぶ」の語源は「真似ぶ」だと言われていますが、「ああしたい」「こうなりたい」と思うのであれば、それを実現する方法は、すでに本の中にお手本があります。後はその真似をして、行動に注力するだけです。

そして行動した結果が思うようにいかなければ、もう一度インプットに立ち返り、そのうえで再度チャレンジしてみればよいのです。

このように、私が口を酸っぱくしてアウトプットの重要性を唱えることには、理由があります。

それは、今後起こるであろうさまざまな社会の変化に対応していくためには、柔軟に自分を変えていく行動力が必要だと思うからです。

会社員の人であれば、これから先、雇用環境が変化してジョブ型雇用が一般化したら、仕事を確保するためにはしっかりしたスキルを身につけ、さらにそのことを外に向けてアピールしていかなければいけません。あるいは、収入を増やそうと副業を始めるにしても、ライバルがたくさんいたら、その中で卓越した実力があることを示さなければ、仕事をもらうのは厳しいでしょう。

そのどちらも、おそらく今のまま変わらない自分でいたら、実現できないことではないでしょうか。

もしかしたら、そのような厳しい変化は起こらないかもしれません。

ただ、そうなってから「どうしよう」と考えるのでは遅いのです。起こり得る変化を先取りして、それに対応できる自分になっておく。

そのためには、読書によってインプットをするだけでは足りません。良質なインプットとアウトプットを繰り返し、自分を変えていく必要があると私は思います。そしてそれが、いずれ人生にも大きな変化をもたらしてくれるはずです。


本書では、そんなアウトプットの重要性も繰り返しお伝えしてきたつもりです。

私のアドバイスが、皆さんがよりよい人生を送るための一助になれば、これにまさる喜びはありません。

2023年1月

公認会計士・税理士　金川顕教

『「読む力」と「地頭力」がいっきに身につく 東大読書』（西岡壱誠／東洋経済新報社）
『人生で大切なことは、すべて「書店」で買える。』（千田琢哉／日本実業出版社）
『レバレッジ・リーディング』（本田直之／東洋経済新報社）
『1冊3分で読めて、99%忘れない読書術 瞬読』（山中恵美子／SBクリエイティブ）
『読書の技法』（佐藤優／東洋経済新報社）
『死ぬほど読めて忘れない高速読書』（上岡正明／アスコム）
『頭が良くなり、結果も出る！ モテる読書術』（長倉顕太／すばる舎）
『学び効率が最大化するインプット大全』（樺沢紫苑／サンクチュアリ出版）
『メモの魔力』（前田裕二／幻冬舎）
『すべての知識を「20字」でまとめる 紙1枚！ 独学法』（浅田すぐる／SBクリエイティブ）
『本は読んだらすぐアウトプットする！――「話す」「伝える力」「書く力」がいっきにつく55の読書の技法』（齋藤孝／興陽館）
『自己肯定感を上げる OUTPUT読書術』（アバタロー／クロスメディア・パブリッシング）
『東大理Ⅲ スピード読書術 超一級の思考力&情報処理力を身につける』（佐々木京聖／学研プラス）
『知識を操る超読書術』（メンタリストDaiGo／かんき出版）
『探求型読書』（編集工学研究所／クロスメディア・パブリッシング）
『本は3冊同時に読みなさい』（佐藤優／マガジンハウス）
『読書する人だけがたどり着ける場所』（齋藤孝／SBクリエイティブ）
『本には読む順番がある』（齋藤孝／クロスメディア・パブリッシング）

『理系読書　読書効率を最大化する超合理化サイクル』（犬塚壮志／ダイヤモンド社）
『深い集中を取り戻せ——集中の超プロがたどり着いた、ハックより瞑想より大事なこと』（井上一鷹／ダイヤモンド社）
『一度読むだけで忘れない読書術』（池田義博／ＳＢクリエイティブ）
『小学校では学べない一生役立つ読書術』（齋藤孝／ＫＡＤＯＫＡＷＡ）
『インプット・アウトプットが10倍になる読書の方程式』（羽田康祐 k-bird／フォレスト出版）
『ものの見方が変わる、シン・読書術』（渡邊康弘／サンマーク出版）
『速読日本一が教える　すごい読書術——短時間で記憶に残る最強メソッド』（角田和将／ダイヤモンド社）
『「読む」だけで終わりにしない読書術　１万冊を読んでわかった本当に人生を変える方法』（本要約チャンネル／アスコム）
『フォーカスリーディング習得ハンドブック』（寺田昌嗣／ダイレクト出版）
『自分の頭で考える読書　変化の時代に、道が拓かれる』（荒木博行／日本実業出版社）
『未来へ導く１％の人だけが知っている魔法の読書法』（望月俊孝／イースト・プレス）
『現代病「集中できない」を知力に変える　読む力　最新スキル大全：脳が超スピード化し、しかもクリエイティブに動き出す！』（佐々木俊尚／東洋経済新報社）
『早く読めて、忘れない、思考力が深まる「紙１枚！」読書法』（浅田すぐる／ＳＢクリエイティブ）
『絶対忘れない勉強法』（堀田秀吾／アスコム）
『超効率勉強法』（メンタリストＤａｉＧｏ／学研プラス）
『最短で結果が出る「超・学習法」ベスト50』（井口晃／きずな出版）

『理想の人生を作る習慣化大全』（古川武士／ディスカヴァー・トゥエンティワン）
『最短最速で理想の自分になるワザ大全！ 習慣化ベスト100』（吉井 雅之／宝島社）
『極アウトプット：「伝える力」で人生が決まる』（樺沢紫苑／小学館）
『短期間で〝よい習慣〟が身につき、人生が思い通りになる！ 超習慣術』（メンタリストＤａｉＧｏ／ゴマブックス）
『1％ 読書術 1日15分の知識貯金』（マグ／ＫＡＤＯＫＡＷＡ）
『究極読書の全技術』（齋藤孝／ＫＡＤＯＫＡＷＡ）
『勝間式 金持ちになる読書法』（勝間和代／宝島社）
『賢さをつくる 頭はよくなる。よくなりたければ。』（谷川祐基／ＣＣＣメディアハウス）
『元バカによるバカのための勉強100カ条！』（でんがん／ＳＢクリエイティブ）
『脳科学者が教える コスパ最強！ 勉強法』（上岡正明／宝島社）
『自学自習の極意』（齋藤孝／ポプラ社）
『7日間で突然！ 頭が良くなる超勉強法【ドラゴン桜公式副読本】』（桜木健二／ＳＢクリエイティブ）
『世界記憶力グランドマスターが教える 脳にまかせる勉強法』（池田義博／ダイヤモンド社）
『ムダな努力を一切しない最速独学術』（三木雄信／ＰＨＰ研究所）
『「脳」と「本」の持つ可能性を最大化する 武器になる読書術』（宇都出雅巳／総合法令出版）
『読書に学んだライフハック――「仕事」「生活」「心」人生の質を高める25の習慣』（印南敦史／サンガ）
『脳医学の先生、頭がよくなる科学的な方法を教えて下さい』（瀧靖之 郷和貴／日経ＢＰ）
『頭がよくなる朝15分学習法』（ふくもとさわこ／ダイヤモンド社）
『無敵の独学術』（ひろゆき／宝島社）

『これからの会社員の課題図書』（田端信太郎／ＳＢクリエイティブ）
『勉強大全　ひとりひとりにフィットする1からの勉強法』（伊沢拓司／ＫＡＤＯＫＡＷＡ）
『図解でわかる　暗記のすごいコツ　誰でも確実に結果が出せる35のテクニック』（碓井孝介／日本実業出版社）
『東大首席弁護士が教える超速「7回読み」勉強法』（山口真由／ＰＨＰ研究所）
『「超」勉強力』（中野信子　山口真由／プレジデント社）
『進化する勉強法：漢字学習から算数、英語、プログラミングまで』（竹内龍人／誠文堂新光社）
『我が家はこうして読解力をつけました』（佐藤亮子／くもん出版）
『東大現役合格↓トップ成績で医学部に進学した僕の　超戦略的勉強法』（宇佐見天彗　ＰＡＳＳＬＡＢＯ／ＫＡＤＯＫＡＷＡ）
『夢を叶えるための勉強法』（鈴木光／ＫＡＤＯＫＡＷＡ）
『30代サラリーマンが1日1時間で東大に合格した「超」効率勉強法』（松下佳樹／彩図社）
『ドラゴン桜とＦＦＳ理論が教えてくれる　あなたが伸びる学び型』（古野俊幸／日経ＢＰ）
『たった1分見るだけで頭がよくなる　瞬読式勉強法』（山中恵美子／ダイヤモンド社）
『塾へ行かなくても成績が超アップ！　自宅学習の強化書』（葉一／フォレスト出版）
『世界一やさしい超勉強法１０１』（原マサヒコ／飛鳥新社）
『ＬＩＭＩＴＬＥＳＳ　超加速学習：人生を変える「学び方」の授業』（ジム・クウィック／東洋経済新報社）
『10歳からの東大式勉強術入門―子どもの「好き」を「自信」につなげ、「伸びる子」に育てる。』（橋本拓磨／学研プラス）
『東大教授が教える！　デキる大人の勉強脳の作り方』（池谷裕二／日本図書センター）

『聞いたら忘れない勉強法』（黒澤孟司／フォレスト出版）
『東大式スマホ勉強術 いつでもどこでも効率的に学習する新時代の独学法』（西岡壱誠／文藝春秋）
『学び方の学び方』（バーバラー・オークレー オラフ・シーヴェ／アチーブメント出版）
『なんのために学ぶのか』（池上彰／ＳＢクリエイティブ）
『すぐに結果を出せる すごい集中力』（荘司 雅彦／秀和システム）
『「独学」で人生を変えた僕がいまの君に伝えたいこと』（千田琢哉／青春出版社）
『仕事と人生を激変させる インプットの教科書』（金川顕教／ＳＢクリエイティブ）
『やってはいけない勉強法』（石井貴士／きずな出版）
『20代で身につけるべき「本当の教養」を教えよう。』（千田琢哉／学研プラス）
『習慣が10割』（吉井雅之／でじじ発行パンローリング発売）
『無理なく続けられる 年収10倍アップ勉強法』（勝間和代／ディスカヴァー・トゥエンティワン）
『勉強が楽しくなっちゃう本』（ＱｕｉｚＫｎｏｃｋ／朝日新聞出版）
『20代の勉強力で人生の伸びしろは決まる』（千田琢哉／日本実業出版社）
『ずるい勉強法――エリートを出し抜くたった１つの方法』（佐藤大和／ダイヤモンド社）
『すごい勉強法』（金川顕教／ポプラ社）
『超効率耳勉強法』（上田渉／ディスカヴァー・トゥエンティワン）
『「１日30分」を続けなさい！』（古市幸雄／大和書房）
『僕らが毎日やっている最強の読み方―新聞・雑誌・ネット・書籍から「知識と教養」を身につける70の極意』（池上彰 佐藤優／東洋経済新報社）

『「考える技術」と「地頭力」がいっきに身につく 東大思考』（西岡壱誠／東洋経済新報社）
『勉強が死ぬほど面白くなる独学の教科書』（中田敦彦／ＳＢクリエイティブ）
『勉強の哲学 来たるべきバカのために』（千葉雅也／文藝春秋）
『億を稼ぐ勉強法』（小林正弥／クロスメディア・パブリッシング）
『小さな習慣』（スティーヴン・ガイス／ダイヤモンド社）
『習慣を変えれば人生が変わる』（マーク・レクラウ／ディスカヴァー・トゥエンティワン）
『勉強本１００冊のベストセラーを1冊にまとめた 一生使える勉強法』（金川顕教／総合法令出版）
『世界最先端の研究が導き出した、「すぐやる」超習慣』（堀田秀吾／クロスメディア・パブリッシング）
『あなたの知識を驚くべき結果に変える 超戦略ノート術』（メンタリストＤａｉＧｏ／学研プラス）
『ヤバい集中力 1日ブッ通しでアタマが冴えわたる神ライフハック45』（鈴木祐／ＳＢクリエイティブ）
『「本の読み方」で人生が思い通りになる 読書革命』（金川顕教／総合法令出版）
『東大教授が教える知的に考える練習』（柳川範之／草思社）
『「勉強法のベストセラー１００冊」のポイントを1冊にまとめてみた。』（藤吉豊 小川真理子／日経ＢＰ）
『「最強！」のインプット術』（出口汪／水王舎）
『マッキンゼー×最新脳科学 究極の集中術』（田中伸明／アチーブメント出版）
『一生役立つ独学戦略』（林輝幸／三笠書房）
『京大院卒経済アナリストが開発！ 収入10倍アップ高速勉強法』（馬渕磨理子／ＰＨＰ研究所）
『大量に覚えて絶対忘れない「紙1枚」勉強法』（棚田健大郎／ダイヤモンド社）
『学びを結果に変えるアウトプット大全』（樺沢紫苑／サンクチュアリ出版）

YouTube チャンネル『YouTube 図書館』

（チャンネル登録者 132,329 人 ※2023 年 1 月現在）

https://www.youtube.com/@kanagawaMOVIE

（YouTubeの検索欄から「YouTube図書館」と検索してください）

LINE 公式アカウント『金川顕教（理想が叶う LINE 通信）』

（登録者 51,666 人 ※2023 年 1 月現在）

@rgt0375y

（ID 検索またはQRコードを読み込み「追加」を押して友だち追加してください）

金川顕教（かながわ・あきのり）

公認会計士、税理士、『YouTube 図書館』運営、作家。

三重県生まれ、立命館大学卒業。大学在学中に公認会計士試験に合格し、世界一の規模を誇る会計事務所デロイト・トウシュ・トーマツグループである有限責任監査法人トーマツ勤務を経て独立。トーマツでは、不動産・保険・自動車・農業・飲食・コンサルティング業など、さまざまな業種や業態の会計監査、内部統制監査を担当。

数多くの成功者から学んだ事実と経験を生かして経営コンサルタントとして独立し、不動産・保険代理店・出版社・広告代理店など、さまざまなビジネスのプロデュースに携わり、300 社を起業、300 人の「稼ぐ経営者」を育て上げる。

現在、会社 7 社のオーナー業の傍ら、起業家育成プロデュース、出版プロデュースを行い、「読書で解決しない悩みは一切ない」をミッションとして 1 人でも多くの人に読書の大切さを伝えるため、『YouTube 図書館』の運営及び執筆活動を開始。

『YouTube 図書館』では、毎日更新、年間 365 本の書籍解説動画をアップし、これまでに解説した書籍は 1,640 冊以上、チャンネル登録者は 132,329 人、動画再生数は 2,656 万回を突破（2023 年 1 月現在）。

執筆活動では、ビジネス書、自己啓発書、小説など多岐にわたるジャンルでベストセラーを連発し、累計部数 55 万部以上。執筆した本は、中国、韓国、台湾、タイ、ベトナムなど世界中で翻訳出版されている。

世界の研究事例×100冊のベストセラー

科学的に正しい読書術

2023年2月20日　初版発行
2023年3月22日　2刷発行

著　者　金川顕教
発行者　野村直克
発行所　総合法令出版株式会社
〒103-0001 東京都中央区日本橋小伝馬町15-18
EDGE小伝馬町ビル9階
電話　03-5623-5121
印刷・製本　中央精版印刷株式会社

落丁・乱丁本はお取替えいたします。

ISBN 978-4-86280-888-2
総合法令出版ホームページ　http://www.horei.com/